Giggles et Florian

Journal intime d'un chat en manque de croquettes

JUNGLE!

ISBN : 978-2-822-21526-8

Jungle est une maison d'édition du groupe Steinkis.

Première édition – septembre 2016

Dépôt légal : septembre 2016

Achevé d'imprimer en Espagne en août 2016 par Edelvives

À Nicolas Hulot,
car en faisant beaucoup pour les abeilles
et le reste du monde naturel,
il fait aussi beaucoup pour nous les chats.
(Enfin j'espère.)

Giggles

(Bon, ça, c'est moi)

Garance

(C'est mon ex)

Florian

C'est mon maître, comme disent les humains. Mais selon les conventions de Genève, c'est techniquement mon esclave.

Caroline

C'est la femelle de mon maître. Je sais plus exactement la tête qu'elle a, mais c'est comme ça que je me la représente.

Je veux pas spoiler, mais en gros, lui, il me saoule.

Prologue

Mon chat, Giggles, a disparu il y a six semaines. J'avais laissé la fenêtre ouverte, comme d'habitude, mais je ne me suis pas inquiété. Le rebord est situé à une vingtaine de centimètres du sol et, à cause de son surpoids, il n'aurait jamais pu l'escalader. Pourtant je crains qu'il ne soit arrivé un grand malheur. Il aura glissé et chuté de cinq étages. Je n'ai jamais retrouvé son corps dans la cour intérieure, mais je sais que le concierge a de gros problèmes de vue : il aura sûrement confondu la dépouille de Giggles avec un paillasson et l'aura jeté aux ordures.

En nettoyant sa litière, j'ai retrouvé ce journal intime. Il l'avait commencé juste après la sortie de son premier livre, *Mon chat est un #geek comme les autres*. Je crois que tenir un journal l'aidait à mieux vivre sa célébrité soudaine. Je sais qu'il aurait voulu que je transmette ce témoignage à son éditeur, et c'est ce que j'ai fait, par respect pour sa mémoire.

C'est avec une immense tristesse que je vous livre ici le récit des derniers jours d'un félin qui mordait la vie et ses croquettes à pleines dents.

Ce livre, comme une épitaphe dans un champ d'herbe à chat, est dédié à tous les chats et à leurs maîtres qui les aiment.

Il te rend aussi hommage à toi, Giggles, et me fait oublier tous les vases cassés, tous les canapés détruits, toutes ces nuits blanches à hurler à la mort dans l'espoir de me soutirer une ration de croquettes supplémentaire, tous les câbles sectionnés et tous les poils incrustés dans mes habits les plus coûteux.

Rien ne te remplacera, mon chat adoré, si ce n'est peut-être un nouveau chaton tout mignon, tout doux et tout rigolo qui s'appellerait, je ne sais pas, moi, Billy par exemple.

Florian

Samedi 4 avril

Cher journa

Lundi 6 avril

Je préfère continuer à écrire à l'ordinateur plutôt qu'à la patte parce que ça a tendance à m'endormir.

Mardi 7 avril

2 h 31
Je viens de me réveiller.

2 h 56
J'ai fait quelques sprints dans le couloir et gratté ma litière.

2 h 58
Je me suis rendormi.

Jeudi 9 avril

Mon livre *Mon chat est un #geek comme les autres*[1] est sorti hier. Il est 19e des ventes ! Je suis super content ! Déjà 500 exemplaires vendus ! Youhou !

Vendredi 10 avril

Après vérif' la mère de Florian a acheté 499 bouquins le premier jour...

1. Pour ceux qui n'auraient pas suivi, oui, je suis un chat qui écrit des livres. Si vous n'avez pas lu ce premier ouvrage, sachez juste que mon maître – Florian – et moi, on a l'habitude de se parler par textos ou en utilisant les réseaux sociaux, ce qui a donc fait l'objet d'un premier livre. Ce serait bien que vous l'ayez lu avant, mais au pire c'est pas grave, ça gêne pas la compréhension. Allez, on avance, nous, on a du pain sur la planche !

Dimanche 12 avril

Ce genre d'études scientifiques me rassure :

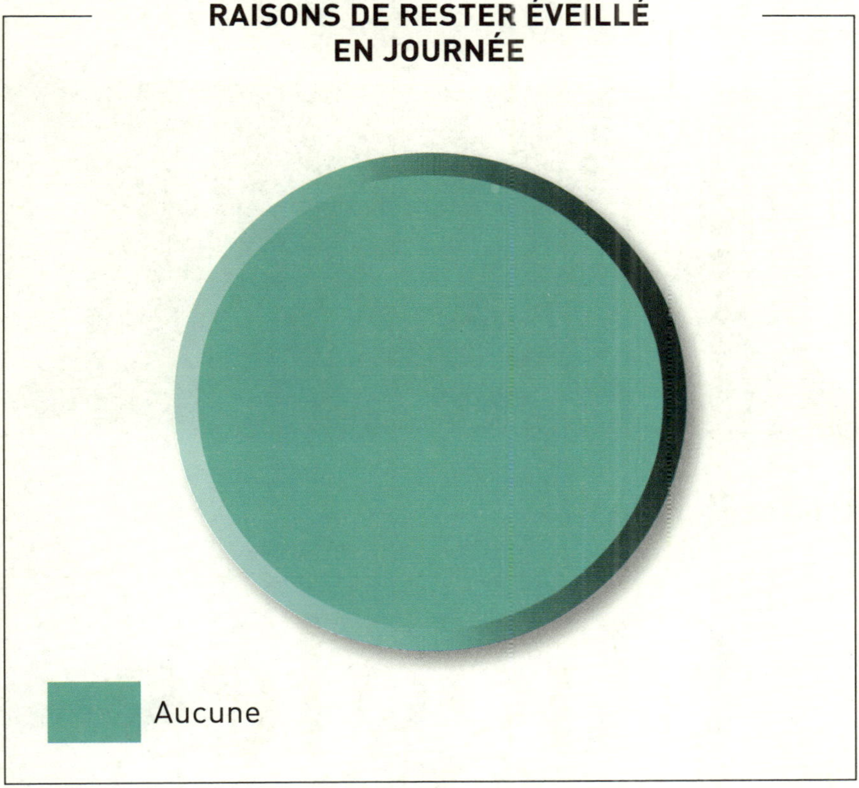

Mardi 14 avril

Je suis à une soirée de remise de prix. Le prix Ronronodot. C'est encore Michel Houellebacalitière qui l'a remporté. Pas grave, je me suis consolé avec les femelles sur place et avec pas mal d'herbe à chat.

Jeudi 16 avril

J'ai recontacté la petite femelle que j'avais repérée à la soirée. Elle est venue à la maison et on a fait notre affaire. Je préfère vraiment ça aux séances de frotti-frotta sur le duvet du canapé avec une peluche dans la bouche...

Vendredi 17 avril

Giggles

où trouver la croquette du lendemain ?

y a-t-il vraiment du lait dans un stérilet ?

quelle taille pour les préservatifs félins ?

où faire un test de paternité ?

Dimanche 19 avril

Apparemment Florian n'est pas content que je rentre tard, que je ramène des potes à la maison pour finir la soirée. En même temps, s'il cachait pas le sac de croquettes, il aurait pas 18 chats sur son lit à 4 heures du mat' en train de lui lécher le visage. Je me demande à quoi il pense parfois.

Lundi 20 avril

Dimanche 26 avril

LA PROPRETÉ DES CHATS (SOI-DISANT)

litière sale

litière propre

Mercredi 29 avril

Hier, je suis allé chez le véto et la porte était ouverte, j'ai entendu toute leur conversation. Ils devaient me faire un vaccin.

L'assistante a demandé : « Pour le vaccin de Giggles, je prépare quelle taille de seringue ? »

Et la véto de répondre : « Ouh là là ! J'ai plus son poids en tête, mais à mon avis tu peux prendre le même dosage que pour Youki. »

L'assistante s'est étonnée : « C'est qui Youki ? »

La véto : « C'est le saint-bernard qu'on a soigné ce matin ! »

No comment.

Jeudi 30 avril

Quand Florian est au tél (avec qui, on se le demande), il arrête pas de parler de « psy-chat-logue » en me lançant des regards furtifs...

Ça commence à m'inquiéter, cette affaire.

Vendredi 1er mai

C'est la Fête du travail aujourd'hui chez les humains. C'est-à-dire le jour où ils ne font rien.

Chez les chats c'est donc le jour qui fait le plus flipper de l'année : pas de nettoyage de litière ni de croquettes tôt le matin.

Mercredi 6 mai

Toujours à la recherche du maître parfait.

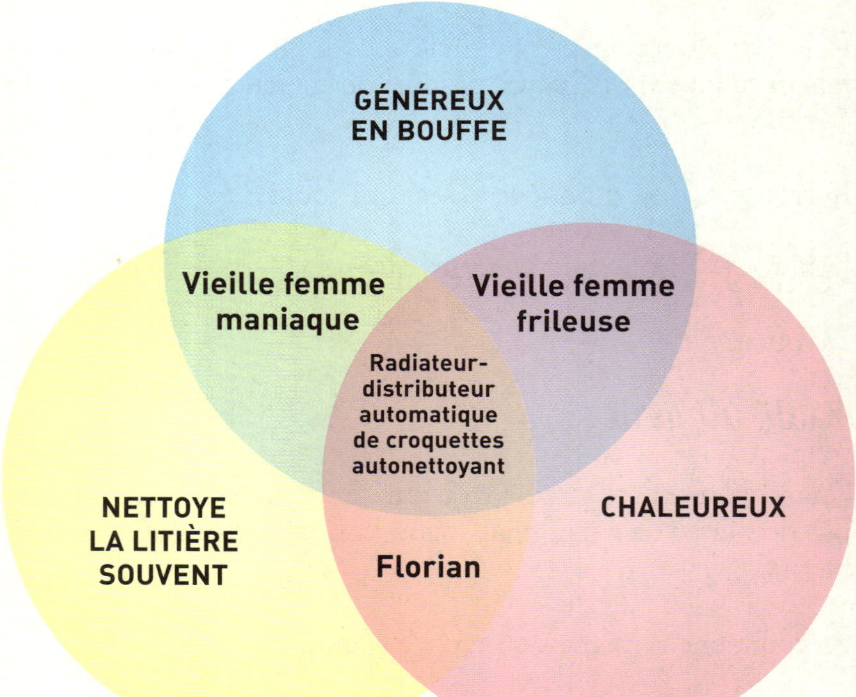

Samedi 9 mai

Je viens de voir que Garance est sur Chinder… Je sais pas si ça me brise le cœur ou si ça me brise les c…

Dimanche 10 mai

Puisque Garance cherche des mâles, pourquoi pas moi ? Chinder, me voici !

13 h 28
Enfin, qu'on soit d'accord. Quand je dis « pourquoi pas moi », je parle pas de « chercher des mâles », vous aurez compris !

Lundi 11 mai

Yes ! J'ai un match !

Chalut !

Ouh là, je suis tombée sur un comique...

Tu sais qui je suis ?

Non.

L'auteur de *Mon chat est un #geek comme les autres.*

Jamais entendu parler.

Comment ça ? T'es sourde ?

Oui. D'ailleurs
je t'entends plus, là,
je vais devoir raccrocher...

Mercredi 13 mai

Mal à la tête... trop fait la fête... me suis réveillé au milieu de trois femelles...
Môssieur Florian n'est pas content parce qu'on a mis de la litière partout et qu'on a un peu joué avec les rouleaux de papier WC...

Giggles

Tu commences à me gonfler
avec ton comportement de star !

Ça va ! J'peux bien fêter ma réussite un peu, non ?

Oui, mais pas me ramener trois autres chats
à la maison pour faire des conneries !

Détends-toi, t'es jaloux parce que
je passe du bon temps avec trois femelles
et que ça t'est jamais arrivé ;-)

C'est ça, j'ai dû ramener Lola au proprio du resto d'en bas. Les deux autres c'étaient Mistigri et Batman, les chats du voisin d'en face.

Samedi 16 mai

Mon maître insiste pour que j'aille voir un « psy-chat-logue »... Je vois pas du tout ce que je pourrais lui raconter, alors j'ai commencé à dresser une liste des sujets à aborder.

- Quand je pense à mon maître, je le vois comme un distributeur de croquettes géant.

- Parfois je me sers du pull en mohair de Caroline comme de ma petite amie.

- Moins on reconnaît ma célébrité, plus je consomme d'herbe à chat.

- J'ai vu Florian faire l'amour à sa copine dans toutes les pièces de l'appartement, souvent, sa copine n'était même pas présente.

- ~~Je crois que j'ai couché avec les deux chats du voisin.~~

- Quand j'entends un bruit de sachet, je commence à baver.

- Plus je consomme d'herbe à chat, moins on reconnaît ma célébrité.

Lundi 18 mai

J'ai comme la sale impression que mon maître lit mon journal intime.

Non, non, pas du tout !

Ah bon, j'ai eu peur.

Mardi 19 mai

En passant dans la rue, je suis tombé sur cette plaque ! Je suis sûr que c'est le psy-chat-logue dont parlait Florian !

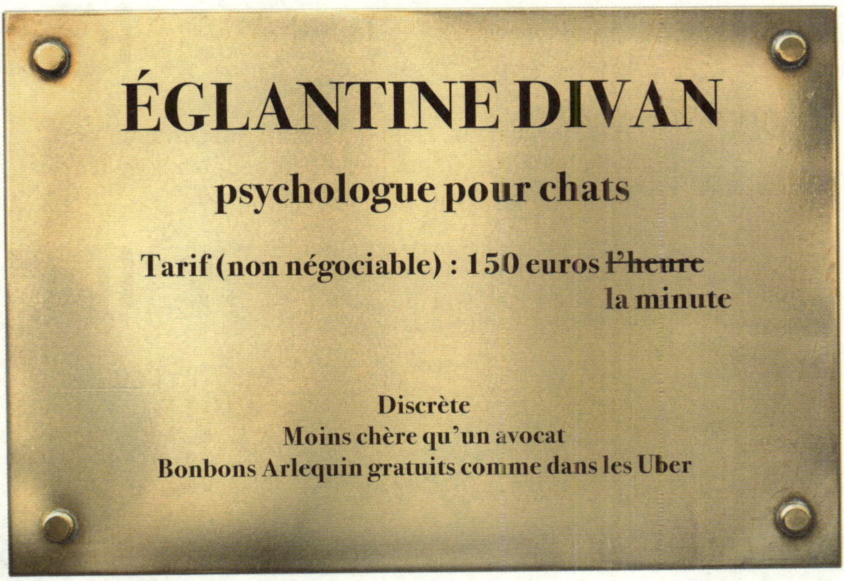

Jeudi 21 mai

Avec toutes les femelles qui défilent à l'appart, j'ai besoin de clarifier deux trois trucs avec mon maître.

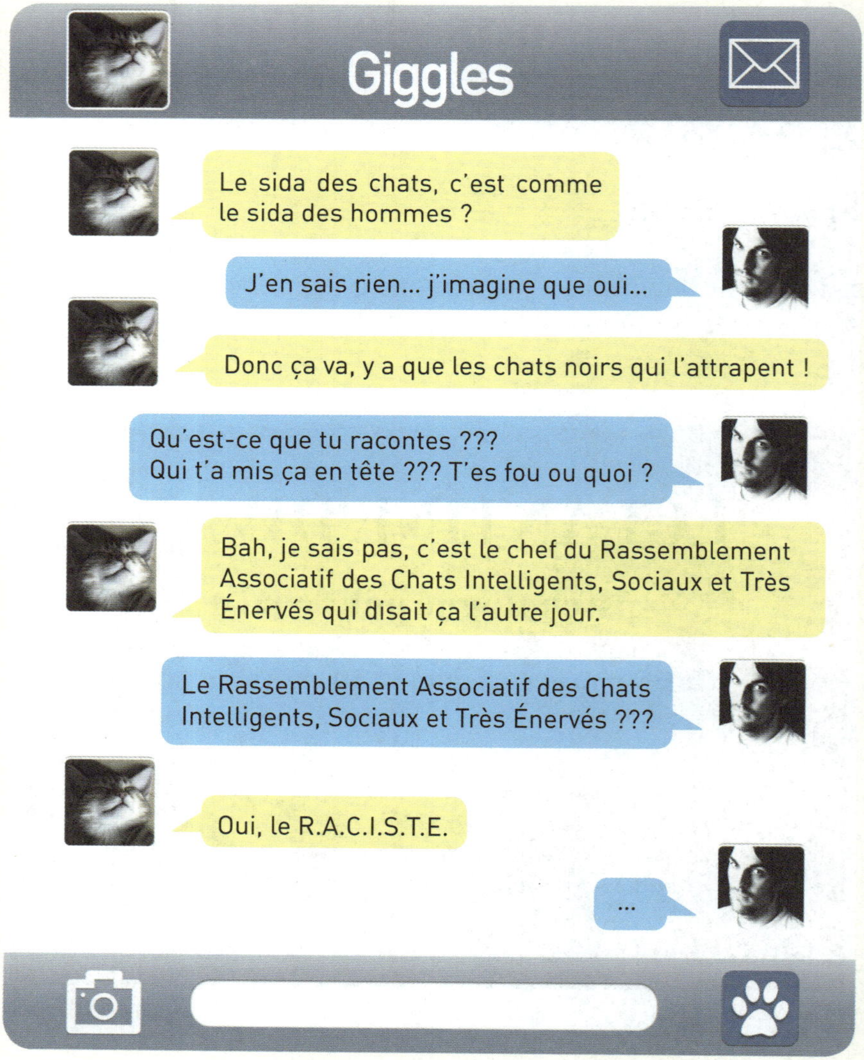

Vendredi 22 mai

Je viens de recevoir mon premier chèque de royalties !!!! À moi l'herbe à chat !!!

JUNGLE!

On est super contents, le livre marche bien. Bravo !

PS : on a plusieurs chattes qui dorment sur le paillasson du bureau et on ne sait pas quoi en faire.

ROYALTIES SUR VENTES DE
MON CHAT EST UN #GEEK COMME LES AUTRES

SOMME AMASSÉE APRÈS 1 AN D'EXPLOITATION	**1 000 000,00 euros**
• CSG + CRDS	50 000,00 euros
• Impôt fantasque	25 000,00 euros
• Charges pour combler ce que les entreprises évadées fiscalement ne payent pas	300 000,00 euros
• Impôt de RDLLDLGQACLTDLXVI*	45 000,00 euros
• Dessous-de-table gouvernemental	85 875,00 euros
• Impôt 49/3	450 000,00 euros
• Provision pour année suivante (non remboursable en cas de perte d'emploi)	44 000,00 euros
NET À PAYER	**125,00 euros**

* Remboursement De La Lame De La Guillotine Qui A Coupé La Tête De Louis XVI

Lundi 25 mai

Liste des courses à coller sur le frigo.

Mardi 26 mai

Je pense vraiment que Florian et moi, on n'arrive pas à se comprendre. Heureusement, j'ai trouvé l'outil indispensable !

Vendredi 29 mai

J'ai repéré ce profil, sur un malentendu je vais peut-être conclure.

Hello chère Chipette !

Allez, qu'est-ce que tu vas me sortir encore ?

Tu sais qui je suis ?

Non.

L'auteur de *Mon chat est un #geek comme les autres.*

Jamais entendu parler.

C'est un bouquin que j'ai écrit.

Je sais pas lire...

Comment tu fais là maintenant, du coup ?

C'est ma maîtresse qui m'aide.

Sympa, la bonne équipe Chinder :-) Vous organisez des rencontres parfois ? On pourrait se faire un petit match avec vous, mon maître et moi, non ?

Bonjour, je suis la maîtresse de Chipette. Laissez-nous tranquilles, s'il vous plaît. Merci.

Samedi 30 mai

Je me sens plus en phase avec ce nouveau profil bizarrement.

Heeeeeeyyyyyyy,
t'en as un beau pelage,
ma jolie !

Eh ben, on peut dire
que t'es direct, toi,
dans ton genre !

Tu sais qui je suis ?

Non.

L'auteur de *Mon chat est un #geek comme les autres.*

Jamais entendu parler.

Je viens d'acheter pour
125 euros d'herbe à chat
avec la vente de mes livres.

Dis-moi où t'habites,
j'arrive.

La hyène...
... elle a tout bouffé !

Lundi 1er juin

Je ne sais vraiment pas qui fait ces sondages...

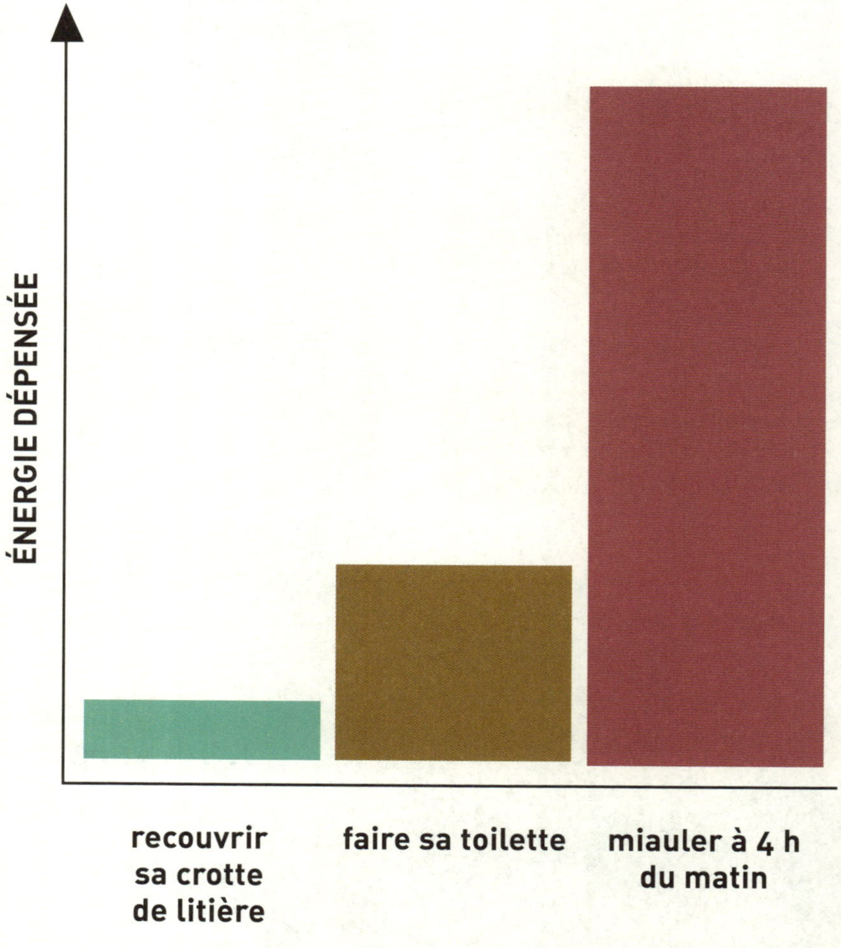

Sondage Iflotte réalisé auprès de 18 chats pendant deux jours (pas nécessaire de recruter des cobayes supplémentaires étant donné qu'on a très vite compris que les chats étaient tous pareils)

Jeudi 4 juin

Je me souviens plus trop de la soirée d'il y a deux jours...

Samedi 6 juin

D'après le calendrier collé sur le frigo, j'ai ma première séance chez la psy dans trois jours... Il me reste donc peu de temps pour échafauder un plan ! Si je dis que je suis malade, à tous les coups Florian va me rétorquer : « Ça tombe bien, la psy est médecin, elle te soignera le corps en même temps que la tête ! » Non, il faut que je choisisse autre chose... M'enfuir par la fenêtre ? Impossible. La gravité à cet endroit est trop forte. Je n'arrive même pas à décoller mes pattes de 10 cm du sol quand je saute. Ah ces humains, ils seraient prêts à utiliser tous les moyens scientifiques pour nous empêcher de vivre notre vie !

Dimanche 7 juin

Florian vient d'écrire « J - 2 » à côté de la case « Psy » sur le calendrier. J'ai immédiatement ajouté une barre pour faire « J + 2 », mais j'ai peur que ça ne serve pas à grand-chose.

Lundi 8 juin

Psy : J - 1. J'ai épuisé tous les moyens d'échapper à la séance de demain. Du coup, je me suis regardé *Vol au-dessus d'un nid de coucou*. J'espère juste qu'un grand Indien m'attendra là-bas pour me libérer de ce cauchemar.

Mardi 9 juin

Première séance. La psy m'a dit de m'allonger sur le divan. Bon bah, il a fallu attendre la deuxième séance pour qu'on puisse parler évidemment...

Mercredi 10 juin

Deuxième séance. Pour éviter que je m'endorme, la psy m'a interdit de monter sur le divan. Et de m'y faire les griffes. J'ai l'impression qu'ils se sont passé le mot avec mon maître. On a parlé de ma relation avec Garance. Il paraît que si j'avais voulu la garder, il aurait fallu que je sois plus attentionné, plus à l'écoute, gnagnagna... Pourtant, avec Florian, la relation est simple. Je le dénigre, je l'ignore, je m'enfuis quand il veut me caresser, je le mords quand il est gentil avec moi, et au bout du compte, il me trouve le plus beau du monde et nettoie même mes excréments... Du coup, j'ai toujours cru que c'était comme ça que ça marchait, la relation à deux...

Jeudi 11 juin

J'ai dit à ma psy que passer une heure sans manger de croquettes, c'était pas possible. Donc soit elle réduit la durée de la séance, soit elle me file une gamelle en plein milieu, mais va falloir trouver un compromis.

13 h 30
La psy a enfin accédé à ma demande. Elle a préféré me donner des croquettes plutôt que de réduire la durée de sa consultation. (Tu m'étonnes, vu le prix à la minute !!!)

13 h 40
Elle me demande pourquoi ça me déplaît d'avoir croisé Garance sur Chinder. Ce qui m'embête le plus, c'est pas tant que d'autres chats puissent la séduire, mais plutôt qu'ils partagent sa gamelle ! Les croquettes que lui donne sa maîtresse sont tellement bonnes !

18 h 30
Bon allez, si ça peut m'éviter des séances supplémentaires dans ce maudit cabinet, je vais essayer de reprendre contact avec Garance.

Giggles

Salut.

C'est qui ?

C'est Giggles ! T'as déjà effacé mon numéro ?

J'avais besoin de faire de la place dans mon répertoire.

Pour tous tes contacts Chinder, j'imagine !!!

Bon, t'es là pour me faire la morale ou quoi ?

Non. Pardon. Je vois une psy-chat-logue.

Et alors ?

Elle m'a conseillé de te recontacter. Rapport à mes traumatismes, tout ça.

Giggles

Elle t'a pas donné d'autres astuces ? Comme être sympa par exemple ?

Non, elle m'a juste dit que j'aurais dû être plus attentionné avec toi.

Paroles de sage.

Je t'écris donc pour m'excuser. Elle a raison : j'aurais vraiment dû t'écouter.

Ça fait plaisir à entendre...

J'aurais dû t'écouter quand tu m'as dit que se mettre ensemble était la pire idée du monde. T'avais raison.

Garance ? T'es toujours là ?

Garance ???

Test

Êtes-vous un chat ?

Avez-vous envie de vous lécher le ventre ?

OUI

NON

Avez-vous du Nutella sur le ventre ?

OUI

NON

Êtes-vous assez souple pour vous lécher le ventre ?

OUI

NON

Vous êtes un chat allongé sous la table de la cuisine et du Nutella vient d'en tomber.

Vous n'êtes pas un chat.

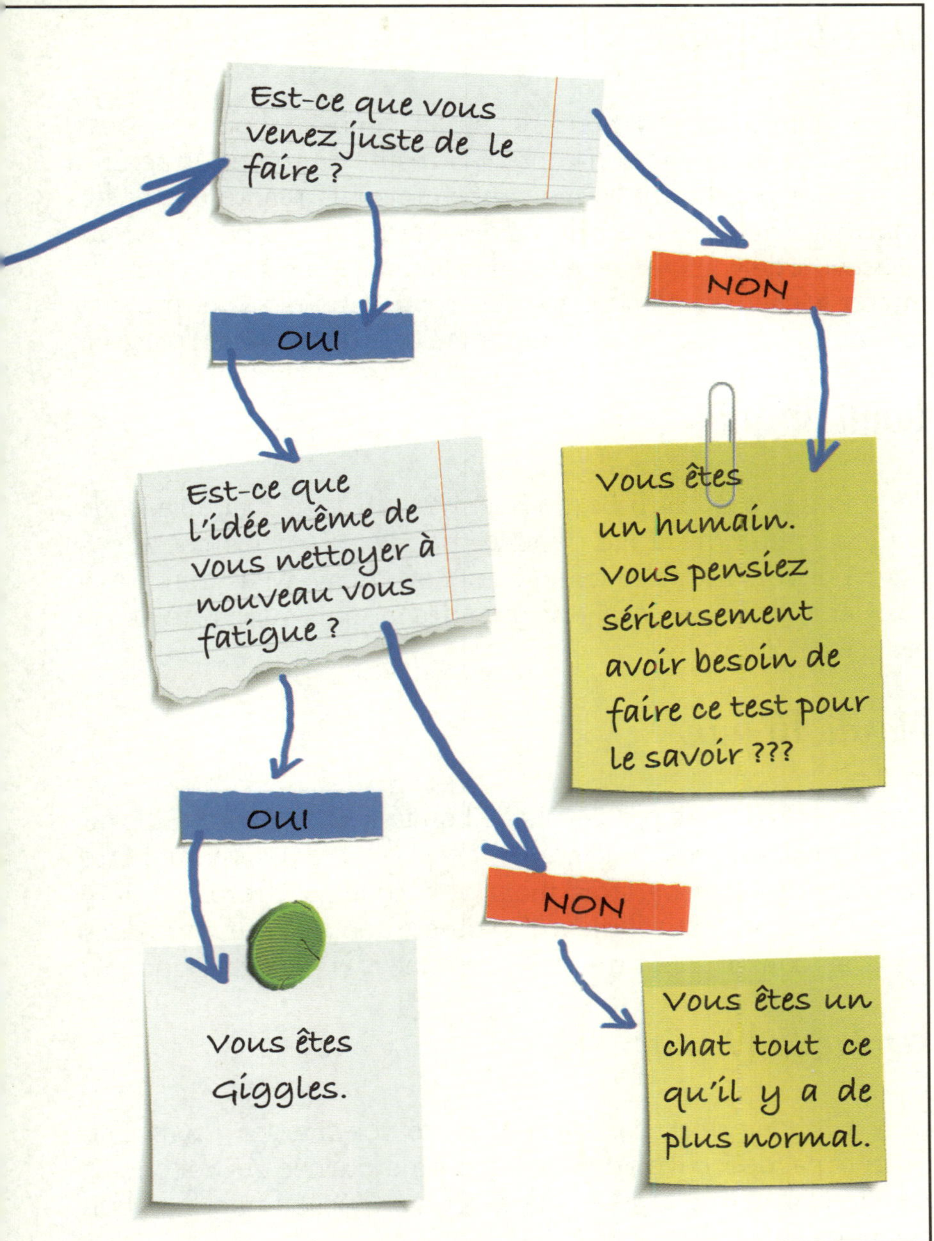
Est-ce que vous venez juste de le faire ?
OUI
Est-ce que l'idée même de vous nettoyer à nouveau vous fatigue ?
OUI
Vous êtes Giggles.
NON
Vous êtes un chat tout ce qu'il y a de plus normal.
NON
Vous êtes un humain. Vous pensiez sérieusement avoir besoin de faire ce test pour le savoir ???

Samedi 13 juin

J'ai remercié ma psy pour ses super conseils. Pour elle c'est important que je me confronte à la réalité de temps en temps. Je lui ai répondu que je me confrontais à la réalité toutes les fois où ma gamelle était vide, « alors merci mais j'ai pas de leçons à recevoir de vous », que je lui ai balancé. J'étais sur le point de quitter le cabinet quand je me suis rappelé qu'elle avait préparé ma gamelle de croquettes. Ç'aurait été bête de ne pas en profiter.

Lundi 15 juin

Je suis allé sur YouTube pour suivre un tuto maquillage. Je voulais apprendre à me dessiner des yeux sur les paupières pour pouvoir roupiller tranquille chez la psy. Mais bon, elle a vite découvert la supercherie quand je me suis mis à ronfler à la séance d'aujourd'hui.

Mardi 16 juin

D'après la psy, mes problèmes de bouffe viendraient soi-disant de traumatismes durant mon enfance. Je vois pas en quoi être arraché à sa mère à trois mois, voir tous ses frères se faire acheter par un resto chinois et avoir été adopté pour vivre dans un 17 m^2 constituerait un « traumatisme ». N'importe quoi.

Vendredi 19 juin

Bon, Chinder c'est naze, je viens de télécharger SnapChat. J'arrête pas de recevoir des selfies toute la journée. Je m'attendais pas du tout à une nullité pareille ! Ça s'appelle SnapChat, bon sang, pas SnapTête !

Mardi 23 juin

Pour faire taire les mauvaises langues, j'ai enfin pu illustrer mes résultats d'années de recherche sur la vie de mes frères les félins. Eh bien, c'est beaucoup plus riche qu'on ne le pense !

Jeudi 25 juin

J'essaye un peu d'analyser mes activités journalières. Ça m'aide à y voir plus clair.

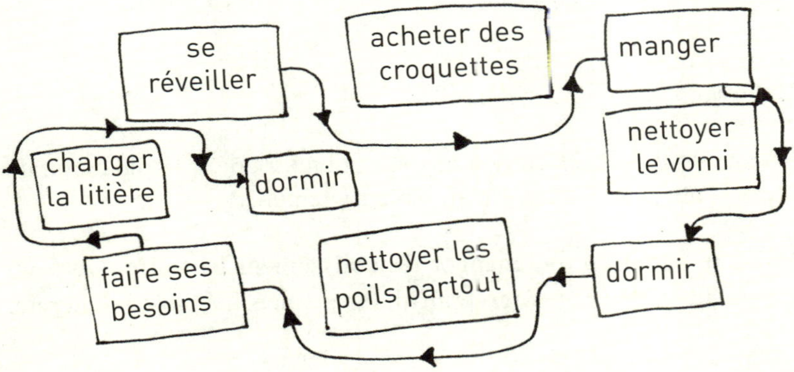

Lundi 29 juin

Monsieur Florian,

Comme convenu, je vous invite à prendre connaissance de mon rapport après avoir reçu en consultation Giggles.

J'ai pu constater les faits suivants :
– Giggles a essayé de façon obsessionnelle de m'extorquer des croquettes.
– Giggles est resté endormi durant les trois quarts de nos séances.

Le diagnostic qu'en tant que spécialiste du comportement félin je peux poser est le suivant :
Giggles est atteint de *Croquettus obessessiae*, plus connue sous le nom de fourientite aiguë.

Les recommandations que je peux formuler sont les suivantes :
Il est pour moi urgent que Giggles suive une cure dans un centre de désintoxication de croquettes – je me permets d'ailleurs de vous conseiller un établissement tout à fait adapté, dont il se trouve que mon mari est le directeur (je dis ça, je dis rien… et puis y a peut-être moyen de vous faire une petite ristourne) et de joindre à ce courrier un dépliant informatif sur cette clinique.
Il est important que vous puissiez vous libérer de l'emprise maladive que Giggles exerce sur vous et votre entourage.

Bien à vous,
É. Divan

PS : Je vous prie de trouver ci-joint la facture pour la rédaction de la présente (750 € en votre aimable réglement)

PS2 : je suis train de changer d'établissement bancaire, aussi un paiement en espèces m'agréerait-il. Par avance, je vous en remercie.

Mercredi 1er juillet

J'ai vu traîner un prospectus près de mon panier… et l'autre jour il était posé non loin de ma litière… Florian est tout bizarre avec moi. Je pense qu'il essaye de me faire passer un message…

VOTRE CHAT EST GROS ?

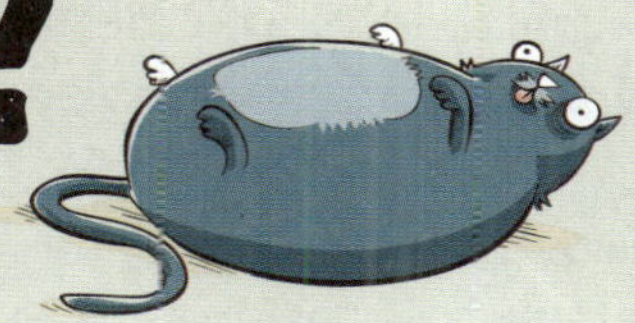

- Il vous réveille la nuit pour avoir à manger ?
- Il dort toute la journée ?
- Il n'a aucune considération pour vous à part quand vous le nourrissez ?
- Son nom commence par un G ?
- Il écrit des livres ?

LE CENTRE "DÉVIE CROQUETTES" EST FAIT POUR LUI !!!

Vendredi 3 juillet

Je pars en vacances pour quelque temps. Mon maître m'a demandé de préparer ma valise. Il devrait se coucher dedans pour m'empêcher de la faire, non ? Je sais pas, je trouverais ça normal, moi.

Samedi 4 juillet

Bon, c'est aujourd'hui que je pars en vacances. Pour fêter ça, Florian m'a proposé des croquettes spéciales. Y en avait que trois ou quatre et elles étaient toutes blanches, mais bon, après tout, je vais pas refuser un repas, aussi misérable soit-il !

5 min plus tard
Je me sens hyper fatigué.
Plus que d'habitude je veux dire...

Dimanche 5 juillet

J'ouvre les yeux... Je reconnais pas les lieux... Je crois que je suis dans une cellule... Je comprends pas trop ce que je fais là. J'ai mal à la tête et je me sens hyper fatigué. Plus que d'habitude je veux dire.

Y a un autre chat dans le panier à côté du mien. Il a l'air bête à bouffer du foin. D'ailleurs il ne fait que ça toute la journée...
Je sais pas où je suis mais ça a pas l'air d'être un hôtel de luxe.

Lundi 6 juillet

Mon voisin s'appelle Gédéon (encore une fois, merci les humains pour nos noms de m****), c'est un pure race, un bengal.

Il ressemble à un petit léopard. C'est cool comme pelage. En revanche, je pense qu'il ferait pas long feu dans la savane. Il me dit que vu ma tronche, je dois avoir du sang bengale aussi. Je me sens décidément de plus en plus proche de mes racines africaines.

Mardi 7 juillet

Ok. J'ai compris où j'étais ! Je suis passé devant un panneau ce matin où y avait écrit « Centre de désintoxication de croquettes ». C'est bien ce que je pensais ! Les croquettes blanches toutes bizarres que j'ai mangées la dernière fois étaient intoxiquées !!! J'espère qu'ils vont me guérir vite, j'ai hâte de rentrer à la maison.

Mercredi 8 juillet

J'ai hyper mal au ventre. Ça doit être lié à cette histoire d'intoxication. Ou alors c'est parce qu'on m'a rien donné à manger depuis deux jours...

Jeudi 9 juillet

Gédéon me fait peur... Tous les jours il grave des symboles étranges sur le mur.

J'ai d'abord pensé qu'il faisait le décompte des jours passés dans cette cellule, mais apparemment il comptabilise le nombre de brins de foin qu'il mange...

Samedi 11 juillet

Le psy du centre vient de m'expliquer pourquoi je suis ici. Si j'ai bien compris, c'est parce que je mange trop de croquettes. Trop de croquettes ? Ça veut rien dire ! C'est comme avoir trop d'argent ou trop d'amis...

Mardi 14 juillet

Ils me fatiguent vraiment tous, ici ! J'ai beau leur expliquer que je ne suis pas gros, ils ne veulent pas m'écouter. Du coup, je leur ai fait un petit graphique. Ils aiment bien ça les graphiques, les humains.

QUAND ON ME PREND EN PHOTO ET QUE TOUT LE MONDE DIT QUE J'AI GROSSI, JE RÉPONDS :

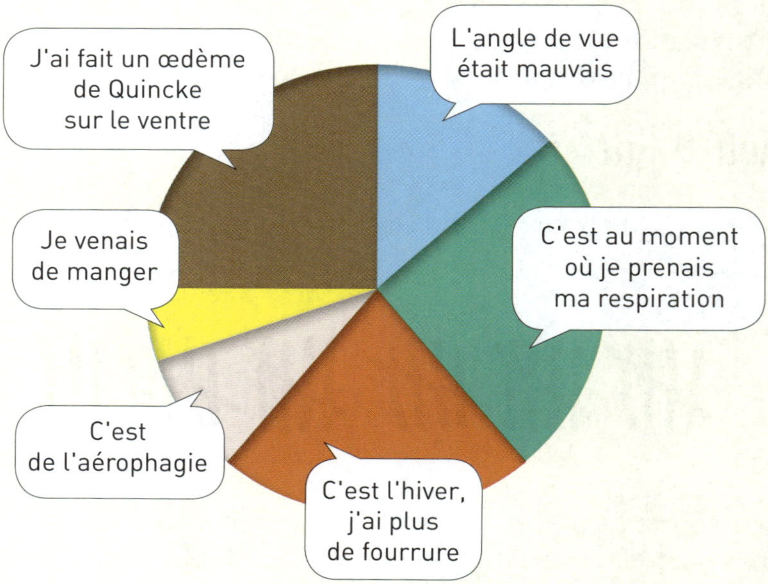

Mercredi 15 juillet

J'ai trouvé ce livre dans mes affaires... Je parie que c'est Florian qui l'a déposé dans ma valise. C'est l'histoire d'un chat boulimique qui est accro à l'herbe à chat et qui traite ses proches comme de vulgaires esclaves. Encore un auteur qui a trop d'imagination, si vous voulez mon avis. Ça ne pourrait jamais arriver dans la réalité, c'est limite de la science-fiction !

Jeudi 16 juillet

Ici, on a le droit à une heure de promenade par jour. Ça se résume en gros à une heure de sieste dans l'herbe...

Vendredi 17 juillet

Quand je pense au sommeil... ça me fait dormir.

Samedi 18 juillet

Gédéon a posé une photo de machine à laver sur sa table de chevet. Je lui ai demandé pourquoi il avait fait ça et il m'a répondu que c'était la chose qu'il aimait le plus regarder quand il était chez lui.

Dimanche 19 juillet

J'ai repensé à ce qu'avait fait Gédéon. Moi aussi j'ai placé sur ma table de chevet la chose que j'aime le plus contempler : un miroir.

Mardi 21 juillet

Je veux bien qu'on soit dans un centre de désintox, mais franchement, ils auraient pu au moins remplacer les paniers rembourrés et douillets par des petites boîtes en carton. Je pense sérieusement adresser une réclamation à la direction.

Jeudi 23 juillet

Je ne sais pas comment aborder le sujet. Allez, je prends mon courage à deux pattes et je me lance. (Car je ne peux plus me taire, le monde doit savoir.) De retour de promenade, je me suis retrouvé seul. Seul dans les douches. C'est alors que quelque chose de très grave s'est passé : un savon est tombé par terre, je me suis baissé, et soudain... quelqu'un a ouvert le robinet ! C'était horrible ! Je crois que j'ai reçu au moins trois gouttes d'eau sur l'un de mes coussinets. Je suis traumatisé.

Vendredi 24 juillet

Quand je pense à toutes ces horreurs dans le monde, à toutes ces gouttes d'eau sur nos coussinets, j'aime me recentrer sur l'essentiel et, souvent, me vient en tête cette citation célèbre du chat de Pierre de Coubertin :

« *L'important, c'est les croquettes.* »

Lundi 27 juillet

J'ai discuté un peu avec Gédéon, et j'ai appris que son maître c'est le directeur du centre ! Il pense avoir un plan pour s'évader.

Mardi 28 juillet

On nous a enfin donné à manger ! Gédéon en a profité pour dessiner les plans du centre avec des croquettes... Bon, il va falloir trouver une autre solution...

Mercredi 29 juillet

J'ai programmé un rappel sur mon téléphone : « Ne pas oublier de dormir (au moins 20 heures). »

Jeudi 30 juillet

Déjà 15 jours que je suis plongé dans cet enfer, ça m'a donné tout le loisir de peser le pour et le contre des cures de désintox. À méditer.

CONTRE	POUR
– on mange ~~mal~~ jamais	– ça fait du bien quand ça s'arrête
– paniers non conformes	
– pas d'herbe à chat	
– pas de chattes	
– plan d'évasion infaisable à l'aide de croquettes pour des raisons évidentes	
– heure de promenade inutile au vu de tous ces chats affalés sur la pelouse (obligé de faire pareil sinon la honte)	
– présence d'eau dans les douches	
– perte de poids beaucoup trop difficile à obtenir en mangeant aussi peu (c'est démoralisant)	

Vendredi 31 juillet

Je me suis décidé à écrire à la direction de cet établissement parce que je craque.

Monsieur le directeur,

J'ai peut-être pas bien saisi l'utilité de votre centre mais je vois pas comment vous espérez qu'on perde tous du poids avec votre méthode (surtout si on a pas le droit de sortir, ni de manger quand on veut). À la limite, la seule chose à peu près correcte ici, c'est le fait qu'on puisse dormir toute la journée, mais ça, je le fais aussi bien à la maison donc autant ne pas perdre de temps avec moi et me relâcher tout de suite. On dirait que votre seul but est d'avoir plein de chats autour de vous, mais pour ça vous pouvez bosser à la SPA ou à l'Hôtel des Chats, à croire que c'est vous-même qui avez intoxiqué nos croquettes pour qu'on se retrouve ici. Je suis tolérant, mais jusqu'à un certain point. Allez vas-y steuplé, laisse-moi rentrer chez moi !

PS : salut c'est Gédéon ! Ça gaze ? Tranquille ?

Réponse du directeur :

Cher Giggles,

Mon centre est là pour vous aider à perdre du poids rapidement. Je vous remercie de m'avoir indiqué que vous dormiez toute la journée, je ne vais pas manquer de donner des instructions à mon personnel afin qu'il vous établisse un programme d'exercices quotidiens qui vous feront le plus grand bien.

Vous êtes perspicace, j'ai effectivement déposé des candidatures à la SPA et à l'Hôtel des Chats, mais je n'y ai pas fait long feu car je rationnais tous les repas. Comme vous avez pu le constater, j'adore les chats, mais j'ai horreur de voir la moindre petite once de graisse sur leurs corps si graciles.
Je trouve votre idée d'intoxication volontaire de croquettes tout à fait remarquable et je la garde précieusement en tête. Je pourrais ainsi doubler le nombre de mes patients en un temps record !
Pour en revenir à votre problème, la seule solution pour rentrer chez vous est de maigrir, tout simplement. Si vous trouvez le temps long dans ma clinique, je vous suggère de vous adonner à une activité que vous avez l'air de beaucoup apprécier : l'écriture ! Votre premier ouvrage nous a tellement régalés qu'il serait dommage que vous n'en écriviez pas un autre.

Bien à vous,

Hector Dirh,
Directeur de la clinique Dévie Croquettes
PS : wesh, ça roule mon Gédé ! Allez, quelques kilos et c'est bon, tu rentres à la zonmé !

Mardi 4 août

Je suis toujours sous le coup de la réponse du directeur... Et s'il avait raison ? Si je devais me remettre à écrire ? Tout est encore flou dans ma tête...

Mercredi 5 août

N'empêche, y a pas de secret. C'est bien nos ancêtres qui avaient raison et dès que je suis dans une mauvaise passe, j'essaye toujours de me remémorer leur enseignement. Ce matin encore, quand j'ai été réveillé par Gédéon qui gravait sur le mur la marque d'une nouvelle paille ingurgitée, je me suis vraiment demandé ce que je faisais là. J'ai eu le soudain besoin de m'en remettre aux plus grands de ce monde et j'ai repensé à une très jolie citation du célèbre chat d'Antoine de Saint-Exupéry, qui était connu pour avoir l'âme d'un poète :

Jeudi 6 août

Le directeur n'a pas tort. Mais si je veux pouvoir sortir un autre livre, il faut que je prenne du plaisir à le faire.
Je pourrais écrire sur mes passions... Un guide du sommeil ? Un livre de recettes ?...
UN LIVRE DE RECETTES !!!! Voilà !

Vendredi 7 août

Pas bien compliqué, je prends un livre de cuisine qui existe déjà et je le mets à ma sauce ! Je pourrais d'ailleurs inventer ma propre sauce, la sauce Giggles. Mmmmm, je m'en lèche déjà les babines !

GRATIN ~~DAUPHINOIS~~ DE CROQUETTES

Temps de préparation : 25 minutes
Temps de cuisson : 60 minutes

Ingrédients (pour ~~6 pers~~ 1 personne) :

- 1 kg 1/2 de ~~pommes de terre~~ croquettes
- ~~quelques gousses d'ail réduites en poudre~~
- 30 cl de ~~crème~~ croquettes
- ~~sel, poivre et muscade~~ croquettes
- 100 g de ~~beurre~~ croquettes
- 1 l de lait

1. Éplucher, laver et couper les ~~pommes de terre~~ croquettes en rondelles fines.

2. Mettre dans une casserole le lait, ~~lait, le sel, le poivre et la muscade~~. Porter à ébullition et y plonger les ~~pommes de terre~~ croquettes et laisser cuire 10 à 15 min, selon leur fermeté.

3. Placer les ~~pommes de terre~~ croquettes dans un plat beurré, recouvrir de ~~crème~~ croquettes, puis disposer des petites ~~noix de beurre~~ croquettes.

4. Cuire à four doux pendant 1 heure.

Lundi 10 août

Il a des côtés sympas, ce directeur. Il m'a autorisé à envoyer le pattuscrit à mon éditeur. Mais, apparemment, ce livre n'est pas du tout à son goût (c'est le cas de le dire).

JUNGLE!

Cher Giggles,

Nous avons bien reçu le pattuscrit intitulé « Les recettes de Giggles : mmmmm c'est trop bon, j'en veux encore » et nous vous remercions d'avoir pensé à nous pour sa publication. Malheureusement, il n'a pas retenu l'attention de notre comité éditorial. En effet, remplacer tous les noms des ingrédients par le mot « croquettes » ne constitue pas pour nous une œuvre suffisamment originale pour être éditée par notre maison. Nous vous conseillons cependant d'écrire sur ce que vous connaissez bien : la fainéantise, la paresse, l'embonpoint démesuré et les siestes de 24 heures.

En vous souhaitant bonne réception de ce courrier, nous vous adressons, Giggles, des remerciements que personne ne lit jamais et où nous pourrions, par conséquent, inclure des choses assez marrantes genre : « Hier au bureau, j'ai remplacé tous les tubes de colle par des sticks Labello et j'ai rien dit à personne. »

Marie T. & ~~la Kommandantur~~ le comité éditorial.

PS : nous avons toujours des chattes qui ronronnent sur notre paillasson et dont nous ne savons que faire.

PS 2 : par ailleurs, votre maître nous a informés de votre situation actuelle et nous vous souhaitons un bon rétablissement (un rétablissement au poids initial !).

Mardi 11 août

Ils me font doucement rigoler chez mon éditeur quand même ! Ils croient que c'est facile pour un chat d'écrire des livres ? Sérieux ? J'aimerais bien les voir, leurs chats à tous, là ! Bref, il faut que je trouve l'inspiration et que j'écrive un autre livre, c'est le seul moyen de m'en sortir.

12 h 24
Quand j'ai dit au directeur que mon idée de livre de recettes n'avait pas été retenue, il m'a autorisé à me balader sur Internet pour y faire des recherches et peut-être trouver l'inspiration. J'y ai déniché le classement des ventes de livres. Si je veux écrire un best-seller, je dois prendre exemple sur ceux qui cartonnent aujourd'hui sur le marché !

12 h 35
Je viens d'abandonner l'idée de remplacer tous les noms des protagonistes des romans en tête des ventes par « Giggles »... Je pense que mon éditeur ne passera pas à côté de la feinte...

Mercredi 12 août

Le numéro un est donc Michel Houellebacalitière. Normal, il a eu le prix Ronronodot y a pas longtemps. Son bouquin *Les papiers-bulle élémentaires* est soporifique (je veux dire même pour quelqu'un de normal). Je pense pas du tout que c'est le genre de livre que je pourrais écrire (dommage, ça a l'air de se vendre pas mal).

Vendredi 14 août

Ma perte de poids me semble bien trop lente. J'ai peur de ne jamais voir la fin de ce séjour... Pour accélérer un peu ma sortie, j'envisage de kidnapper Gédéon et d'exiger une rançon en échange de ma libération. Vu que c'est le chat du directeur, personne n'osera prendre cette affaire à la légère.

Samedi 15 août

Comme on ne peut pas franchement s'échapper de cette cellule, y a des chances pour qu'ils se rendent compte que Gédéon est planqué ici. Bon, il va falloir trouver une autre solution...

Lundi 17 août

Aujourd'hui je suis passé à la pesée. J'ai déjà perdu 2 kg !
Quand je mets les deux autres pattes sur la balance, je fais toujours le même poids qu'avant, mais bon, je trouve ça encourageant.

Mardi 18 août

Je me suis jamais autant surpassé de ma vie. Je file toutes mes rations de croquettes à Gédéon pour maigrir plus vite. J'ai vraiment l'impression de verser une pension alimentaire à une femme dont je viendrais de divorcer. En plus, on fait panier à part donc il manquerait plus qu'il me réclame 50 % des ventes de mon livre et le tableau serait complet !

Jeudi 20 août

En quête d'inspiration, je suis allé emprunter *Les hommes viennent de Mars, les chats ne viennent pas quand on les appelle* à la bibliothèque de la clinique.

C'est un très beau livre sur les différences homme/chat. C'est clair qu'on arrive à cohabiter mais qu'on est manifestement pas faits pareils ! Je repense par exemple à Florian qui se tue à faire le ménage dans tout l'appartement pendant des heures alors qu'il lui suffirait d'aller se coucher sur le canapé. Quand on se réveille, tout est propre et rangé. Sont pas intelligents, les humains, c'est tout. Gédéon et moi on se prend pas autant la tête !

Vendredi 21 août

J'ai perdu 2 kg (avec toutes les pattes sur la balance cette fois-ci) ! Du coup, je vais pouvoir sortir demain. Gédéon aussi (je sais franchement pas comment il va faire vu qu'il s'est tapé tous mes repas en plus des siens). Enfin, ça va pas trop le changer car le bureau du directeur est juste au fond du couloir (ah bah voilà ! je suis bête ! encore un pistonné). Il est un peu déprimé, mais se console en marmonnant cette citation de Friedrich Nietzsche comme un mantra :

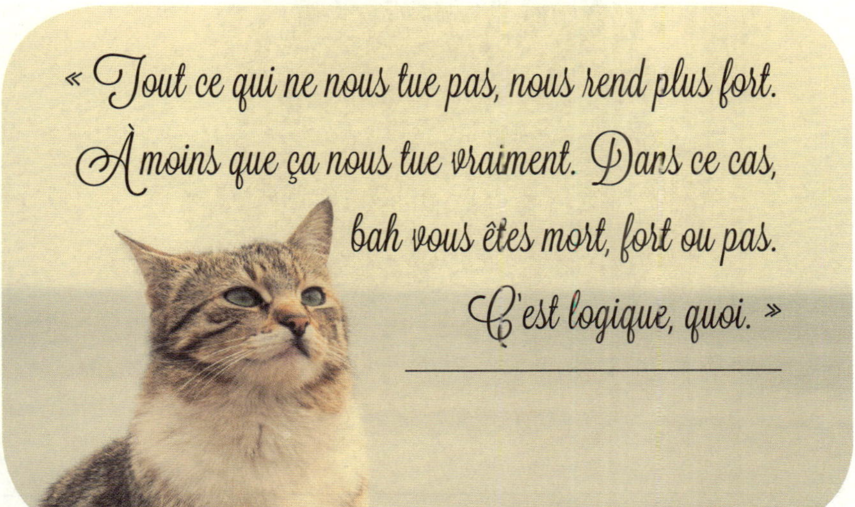

Samedi 22 août

Ce jour est à marquer d'une croquette blanche[2] . Je sors de la clinique !

Mon humain et moi on doit prendre le train pour retourner à la maison. C'est simple, y a rien de pire. C'est comme si on prenait un énorme bac à litière et qu'on mettait ensemble les personnes qu'on déteste le plus au monde. Les enfants veulent me caresser, mais par les trous de ma cage, tout ce qu'ils arrivent à faire c'est me foutre les doigts dans les yeux. Les vieux n'arrêtent pas de crier que je suis mignon et leurs téléphones portables sont toujours réglés sur la sonnerie la plus forte, du coup, ça m'empêche de dormir. Et pour couronner le tout, dès que le contrôleur annonce un arrêt, tous ces idiots se jettent sur leurs valises et se pressent contre les portes comme si le train allait exploser dès son entrée en gare !

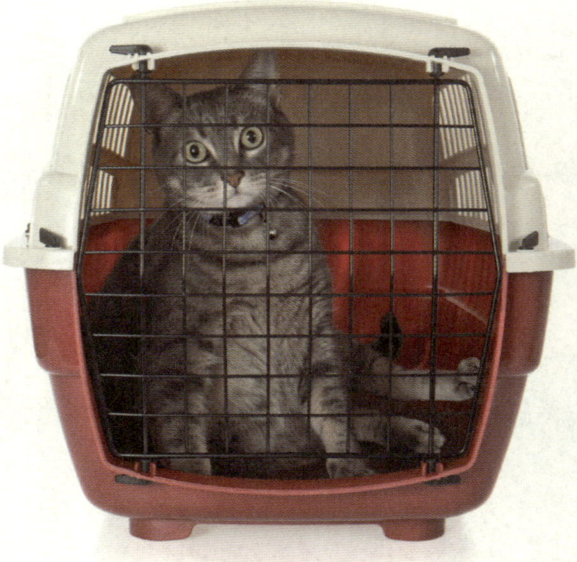

2. Enfin pas de celles qu'on m'a filées avant que je me retrouve en cellule !

11 h 32
Je suis passé par le kiosque de la gare pour acheter un bouquin, histoire de me changer les idées dans le TGV. *Merci pour ce saumon* est une merveille !

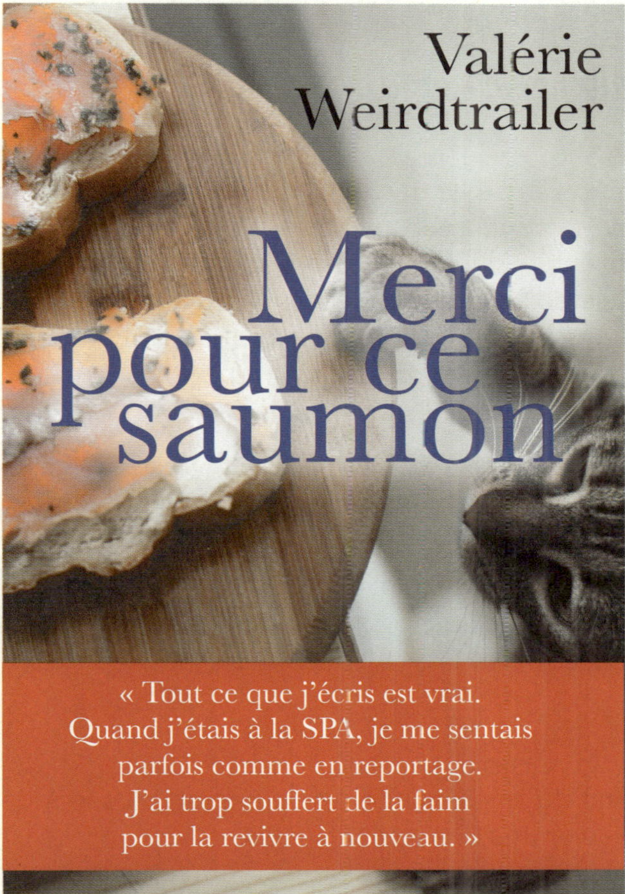

Cette chatte qui a côtoyé les plus grands de ce monde connaît bien des secrets, c'est dingue. Dommage que j'aie pas été adopté par un homme politique, j'en aurais eu des choses à raconter...

12 h 05
Je viens d'en discuter avec Florian et il me dit que je dors tellement toute la journée que même si j'avais été adopté par Barack Obama, j'aurais même pas suivi le fait qu'il a été élu président des États-Unis. Pfff !

Dimanche 23 août

Je suis enfin à la maison ! (Disons, chez Florian, puisque techniquement, c'est lui qui paye le loyer, mais bon...) Y a un truc bizarre. Quelque chose a changé. Pour commencer, y a un paillasson avec écrit dessus « CARPETTE DIEM » – je sens que je vais pas aimer... Et puis ça sent fort, comme du parfum. La même odeur que... Caroline !!!

14 h 30
Elle est toujours pas revenue à l'appartement mais les signes ne trompent pas : aucun caleçon de Florian qui traîne, plein de tubes de je sais pas quoi éparpillés sur les bords du lavabo de la salle de bains, le lit est fait et l'historique de navigation Internet a été effacé.

14 h 33
Je viens de remarquer une deuxième brosse à dents dans le verre. Je crains le pire...

14 h 34
Tous les produits d'entretien sont « Spécial peaux sensibles »... J'ai compris : pendant ma cure de désintox, Caroline s'est installée chez moi. La garce !

cat advisor

LES POUBELLES DU RESTAURANT « AU PÊCHEUR »

★★★☆☆ « **Pas mal** »

Giggles

Les poubelles de ce resto sont pas mal. Assez faciles à éventrer et le poisson y est d'assez bonne qualité. Petit bémol pour les arêtes trop fréquentes dans les truites.

Lundi 24 août

Je savais bien que quelque chose clochait, mon horoscope de la semaine ne s'était pas trompé !

HOROSCOPE

SIAMOIS : Vous vous la pétez toujours autant, mais n'oubliez pas que vous êtes un chat de race et que les chats de race, ils ont des cancers.

BENGAL : Vous êtes toujours aussi beau avec vos taches de léopard, mais n'oubliez pas que si on plaçait un vrai léopard à côté de vous, vous lui serviriez d'amuse-gueule.

MAINE COON : Vous êtes toujours aussi grand. Pensez à vous faire reclasser en tant que CHIEN.

CHAT DE GOUTTIÈRE : Si vous sortez de cure de désintox de croquettes, méfiez-vous de ceux qui ont pris votre place en votre absence, ils vous veulent du mal ! Réconfortez-vous en voyant le bon côté des choses : vous êtes toujours gratos sur leboncoin.fr !

SPHYNX : Sortez de là !
Vous n'êtes pas un vrai chat !!!

ANGORA : Couvrez-vous pour cet hiver, mais ne finissez pas en pull !

PERSAN : Vous désirez changer de vie ? Pensez à la reconversion ! Roulez-vous en boule sur une table basse et devenez un excellent repose-pieds douillet !

Mardi 25 août

Caroline est rentrée. C'est la guerre !

Mercredi 26 août

Caroline n'arrête pas d'éternuer. Elle dit qu'il y a trop de poils dans l'appartement. Moi je trouve qu'il n'y a pas assez d'appartement autour de mes poils. Qui a raison ?

Jeudi 27 août

J'essaye de me maintenir en forme pour ne pas retourner à la clinique...

Giggles

Regarde, j'ai une nouvelle appli qui mesure les performances sportives.

Pas mal !
Distance : 658 cm
Temps : 7 h 28 min

Giggles

Performances ? Sportives ?

Oui, c'est ce que je viens de dire...

T'as mis plus de sept heures pour te déplacer sur un peu moins de sept mètres ??? UN mètre par HEURE ?

Nan mais attends ! J'ai pas fait ça d'une traite non plus !

C'est ça le gros point aux deux tiers du parcours ?

Oui, je me suis arrêté pour faire une sieste.

cat advisor

Bouffe du chat du 3e

« Savoureux mais périlleux »

Giggles

Quand Madame Perez met la gamelle de son chat sur le balcon, il est possible d'y accéder et de grignoter quelques croquettes. Attention à Filou qui a la griffe facile. À vos risques et périls !

Vendredi 28 août

Giggles

Je viens de vérifier ma performance sportive. Effectivement, les seules choses qui se déplacent à un mètre par heure sont : un escargot blessé et un employé de la Poste. Du coup, je suis allé chercher dans mes archives et j'ai trouvé ça :

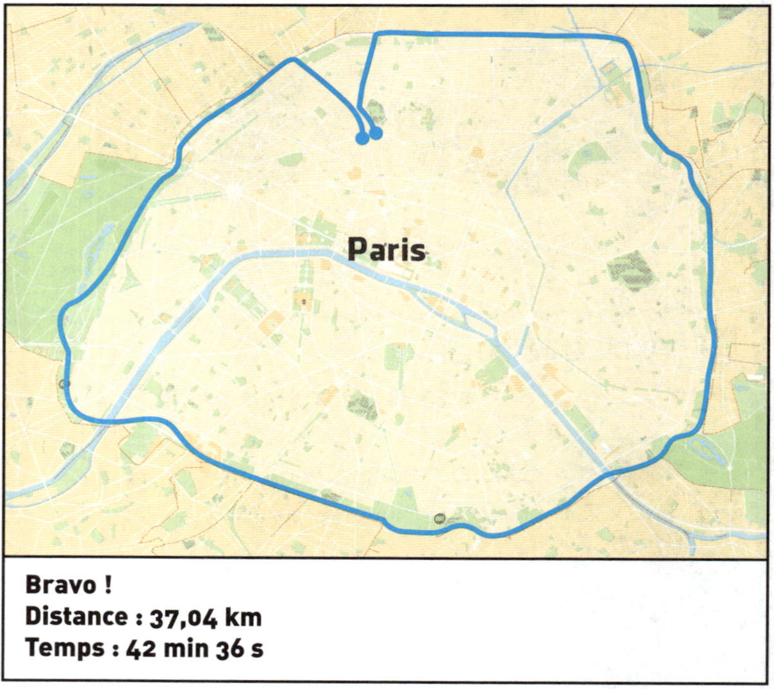

Bravo !
Distance : 37,04 km
Temps : 42 min 36 s

Samedi 29 août

10 h 32

12 h 13

Apparemment le seul animal capable de réaliser une telle performance serait un guépard... J'ai regardé sur Internet, au final c'est un chat, le machin. Un gros chat qui vit en Afrique.

Note pour plus tard : Partir en Afrique à la rencontre des guépards et se rapprocher ainsi de ses racines. J'ai un peu de sang léopard, faut pas l'oublier ça !

Dimanche 30 août

L'Afrique, ce sera pour plus tard...
Je suis tombé sur un article à propos des attentats qui ont frappé le monde ces dernières années. Je sais pas qui est cet Alain Ouacquebarre (sûrement un Breton) mais pour que des types se fassent exploser en criant son nom, c'est qu'il doit être beaucoup plus connu que Justin Bieber.

Lundi 31 août

Florian m'a laissé ce petit mot sur le frigo ce matin... Je crois que ça va me faire passer l'idée d'aller voir les guépards en Afrique... Bon après je suis pas sûr de la précision du truc...

Mardi 1er septembre

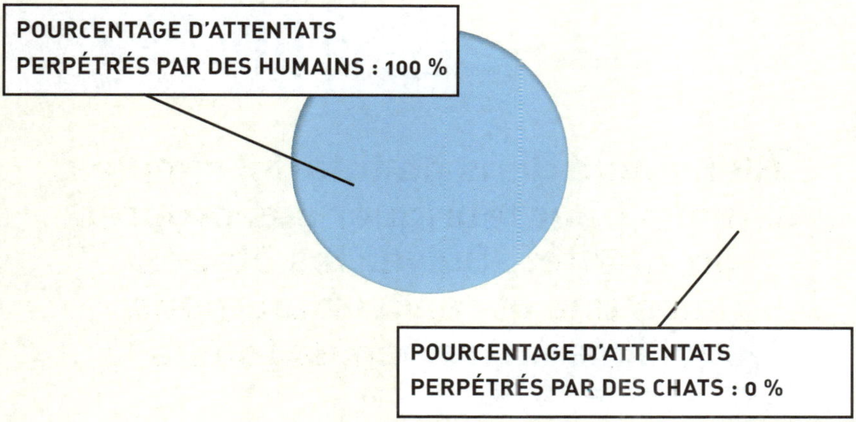

Va falloir penser à fermer les frontières de ce pays aux humains ! On sera beaucoup plus tranquilles !

Mercredi 2 septembre

Je repense à mon truc d'hier… Si on n'a plus d'humains en France, qui va fabriquer nos croquettes ? Les chiens ? Impossible ! À part sauver des gens de la noyade et des avalanches, guider des aveugles, tirer des traîneaux, comprendre plusieurs langues, obéir à des ordres complexes, parcourir des milliers de kilomètres pour retrouver leur maître ou faire des tours de cirque, on peut rien en tirer de ces idiots !

Jeudi 3 septembre

J'étudie toujours la possibilité de reconduire tous les humains à la frontière. Faudra apprendre à faire sans eux. Je me suis commandé un guide de survie du chat. On y découvre comment fabriquer ses propres croquettes.

TUTO CROQUETTES

Bienvenue dans ce tutoriel simple et malin pour fabriquer ses propres croquettes. Suivez les étapes une à une et réalisez un repas équilibré en un rien de temps !

2

Munissez-vous d’un bon sac
de croquettes acheté dans
le commerce ou chez le vétérinaire.

3

Déposez les croquettes dans un bol et concassez-les jusqu'à obtenir une fine poudre. Versez-y ensuite suffisamment d'eau afin d'obtenir une pâte onctueuse.

4

Enfin, versez la pâte dans le moule à croquettes et faites chauffer au four à 180 degrés pendant 15 min.

Mmm, c'est bientôt prêt !

5

Voilà ! Vos croquettes sont prêtes !
Réservez dans une gamelle,
accompagnez d'un bol d'eau
fraîche et le tour est joué !

Régalez-vous.

Vendredi 4 septembre

Y a rien à dire, être enfin chez soi, libre de ses mouvements, ça a du bon !

Samedi 5 septembre

J'ai fait des recherches sur ce fameux Alain Ouacquebarre (un Breton, je maintiens) et je pense qu'il devait mesurer plus de deux mètres parce que la seule description que j'ai trouvée sur lui est celle-ci : Alain est grand.

cat advisor

CHEZ FLORIAN

« Nul »

Giggles

Quantités très limitées. Oubli de rations. Aucun extra de type « poisson » ou « poulet ». Horaires aléatoires. À éviter !

Dimanche 6 septembre

19 h 30
J'ai envie d'aller voir *Les Aristochats* au cinoche. Caroline veut venir aussi. Super.

19 h 32
Madame doit se préparer, elle en a pour cinq minutes et blablabla, qu'elle nous dit...

23 h 12
Bref, j'ai maté toute la première saison de *Game of Thrones* et je suis allé me coucher...

Lundi 7 septembre

Caroline et Florian n'arrêtent pas de faire des messes basses. Ils complotent quelque chose, c'est sûr. Je crois avoir aperçu un nouveau bac à litière, mais deux fois plus petit que le mien. Et il y a aussi ce sac de croquettes pour chat de moins de 2 kg... Bizarre... Il faut que j'en aie le cœur net.

Giggles

Je peux te poser une question ?

Vas-y.

Qu'est-ce que vous manigancez dans mon dos, là ?

On voulait y mettre les formes, mais puisque tu m'en parles, je...

Attends, « mettre les formes » genre en grande pompe avec réception officielle, croquettes et petits-fours à volonté ???

Ah non, on voulait juste t'en parler tous les deux, au calme.

Ok, bah laisse tomber. Vas-y balance.

Caroline veut adopter un chat.

Elle est pas allergique, celle-là ?

Si, mais il existe des chats hypoallergéniques.

Giggles

Qu'est-ce que c'est que ces salades ?!

Ce ne sont pas des salades, ce sont des chats !
Des chats qui ne provoquent pas d'allergies.

Hein ? C'est comme si tu me disais,
du beurre sans matière grasse ! Ha ha !

Ça existe...

Hein ?! Bon bah je sais pas,
des cigarettes sans tabac.

Ça existe aussi...

Ouais bah tant que t'y es, la pilule pour hommes !

Ça existe...

Bon, vous me gonflez, vous les humains, à toujours tout faire à l'envers ! J'aurais dû me douter que vous étiez pas bien finis de cuire quand j'ai vu que vous fabriquiez des habits pour chiens...
Bon, il arrive quand ce chat hypo-machin ?

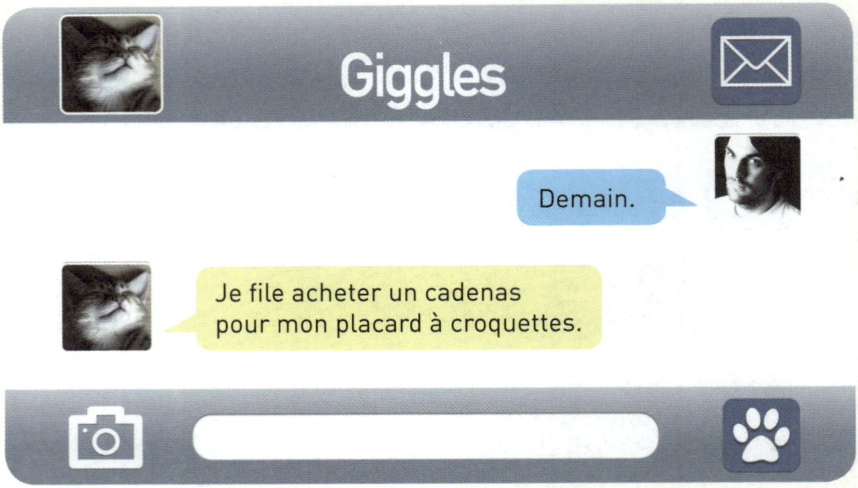

Mardi 8 septembre

L'Autre est arrivé ce matin. Il m'a déjà sauté dessus vingt fois, a pissé dans ma litière et investi ma boîte en carton préférée. Seul point positif : les croquettes qu'on lui donne sont délicieuses.

Mercredi 9 septembre

Deuxième jour. Je n'ai pas éternué une seule fois. Ce truc d'hypo-machin a l'air de bien marcher quand même.

Jeudi 10 septembre

Jour 3. L'Autre ne m'a toujours pas dit comment il s'appelle. Il ne parle pas beaucoup d'ailleurs. Il ne dort pas beaucoup non plus.

4 h 45
L'Autre me croque les pieds, me miaule dans les oreilles et me lèche les yeux. Qui, si ce n'est un dégénéré, peut faire des trucs pareils ?!

Vendredi 11 septembre

Jour 4. L'Autre s'appelle Billy. C'est le nom d'une armoire Ikea. Ri-di-cu-le.

Samedi 12 septembre

Billy, Caroline, Florian. Cet appartement est décidément trop petit pour nous quatre. Y en a trois qui vont devoir partir.

14 h 28
En fait je pense que je vais me chercher un appart. Avec mes droits d'auteur et les quelques croquettes que je pourrais revendre sous le manteau, je parie que j'ai de quoi me louer un petit truc cosy.

15 h 03

Les petites annonces immobilières, c'est pas ça qui manque !

À SAISIR !
Charmant appart proche Paris centre (10 min en avion), 120 m^2 dont 7 m^2 Carrez, coquette salle d'eau sur palier,
meublé 3 en 1 : lit/table/placard, parking (payant dans la rue), cave (à 20 min en métro), proche commerces (métallurgie, bâtiment).

Disponible immédiatement sous réserve acceptation dossier et dépôt caution (23 mois de loyer). Garant gagnant + de 60K€/an, prise de sang & dossier médical exigés.

Visites possibles le dimanche entre 3h et 5h du matin.

LOYER CC : 999€/mois

Lundi 14 septembre

Je suis tombé là-dessus ! C'est sûr qu'en province c'est pas la même limonade en ce qui concerne les locations.

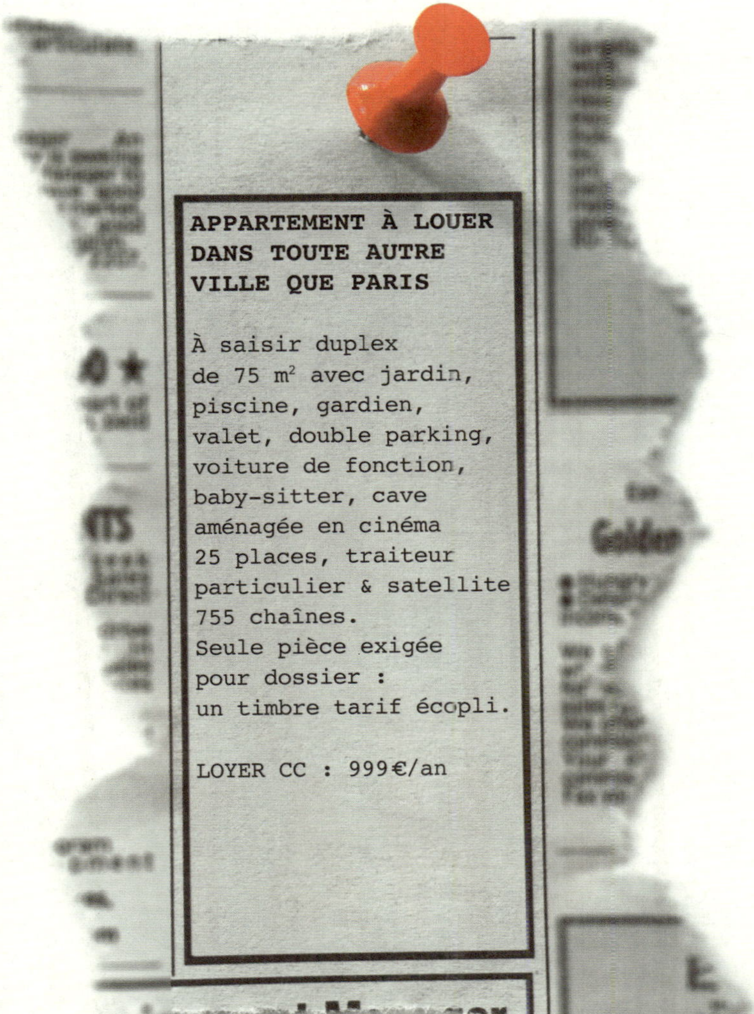

APPARTEMENT À LOUER DANS TOUTE AUTRE VILLE QUE PARIS

À saisir duplex de 75 m² avec jardin, piscine, gardien, valet, double parking, voiture de fonction, baby-sitter, cave aménagée en cinéma 25 places, traiteur particulier & satellite 755 chaînes.
Seule pièce exigée pour dossier : un timbre tarif écopli.

LOYER CC : 999€/an

Mardi 15 septembre

Vu le prix des loyers parisiens, je vais être obligé de pondre un best-seller. Mais dans quelle veine ? Sur quel thème ? Un truc comme *Comment ne pas devenir un vieux chat* ? Pourquoi pas après tout, c'est deux copines à moi qui ont sorti ça et je me suis bien marré en le lisant. Je crois que je me reconnais plus dans l'écriture humoristique en fin de compte. Va falloir que je creuse de ce côté.

Mercredi 16 septembre

Note pour plus tard : Monter l'association chat-ritative « Des croquettes pour Giggles » et lui reverser tous les bénéfices de la vente du deuxième livre.

Jeudi 17 septembre

J'en ai marre de l'Autre ! Y en a vraiment que pour lui ! Tout le monde lui fait des bisous, s'extasie à la moindre de ses acrobaties et tout ce qui chez moi est qualifié de « conneries » devient chez lui des « exploits ».

18 h 32
Bon, j'avoue, il est mignon, ce Billy…

Vendredi 18 septembre

Billy vient de pisser sur le canapé. Mais bon… il est quand même trop chou, ce petit…

cat advisor

La gamelle de l'Autre (Billy)

« **Succulent !** »

Giggles

Parfait pour un petit dessert après son propre repas. Ces petites croquettes délicates adaptées aux dents des jeunes chats seront un ravissement pour vos papilles !

Samedi 19 septembre

J'ai compris qu'on ne pouvait rivaliser avec un chaton. Même moi je me surprends, parfois, à vouloir lui faire plein de papouilles.

penser à prendre rendez-vous avec la psy

Aucun espoir qu'il repasse par la case SPA. Pareil pour Caroline.

vérifier si la SPA pour humains existe

Vu les cris que pousse mon humain quand ils s'enferment tous les deux dans la chambre, elle risque de rester encore longtemps. Va falloir que je prenne mes griffes et mes claques.

Dimanche 20 septembre

Si je veux vraiment être autonome, je vais avoir besoin d'argent. J'ai déjà établi une liste de métiers qui pourraient me convenir :

- Testeur de matelas
- Goûteur de croquettes
- Réveille-matin
(mais uniquement sur les coups de 4 h du mat')
- Acteur de films pour chats adultes
- Manucure
(j'ai pas mal de compétences en taillage de griffes, je pense que faire les ongles, c'est pas bien sorcier)
- Paysagiste
(je m'en sors pas mal avec mes petits jardins japonais dans ma litière, suffit que je fasse ça grandeur nature)

Mardi 22 septembre

J'ai eu mon premier entretien pour un job aujourd'hui. Ils cherchaient un jeune de 25 ans maximum avec plus de 35 ans d'expérience. J'avais pas le profil.

Mercredi 23 septembre

J'ai dégoté un autre entretien pour le poste de testeur de matelas. Je me suis endormi pendant le rendez-vous. Ils ont été super impressionnés, j'ai décroché le job ! Je commence demain.

Jeudi 24 septembre

Ce premier jour s'est plutôt bien passé. Ils avaient jamais vu quelqu'un qui arrive à dormir aussi longtemps. À la fin de la journée, le boss m'a même réveillé pour pas que je fasse des heures sup'.

Vendredi 25 septembre

J'ai été viré aujourd'hui... Ça n'aura pas duré bien longtemps, cette affaire. Tout ça parce que j'ai dormi dans le carton d'emballage plutôt que sur le matelas. Ça va quoi !

Samedi 26 septembre

J'ai fait le compte de ce que j'ai gagné en une journée. Je peux me louer une boîte à chaussures dans un placard à Paris... mais pendant une demi-heure...

Lundi 28 septembre

Ce matin, j'ai reçu un magnifique cadre avec ma citation préférée.
Celle du chat de Descartes. Dommage que je me sois fait virer, elle aurait été parfaite au-dessus du matelas au boulot.

Mardi 29 septembre

Vu que j'ai du temps libre, je suis allé me balader dans une brocante et j'ai trouvé ce livre d'Arthune Conar Boyle en édition originale.

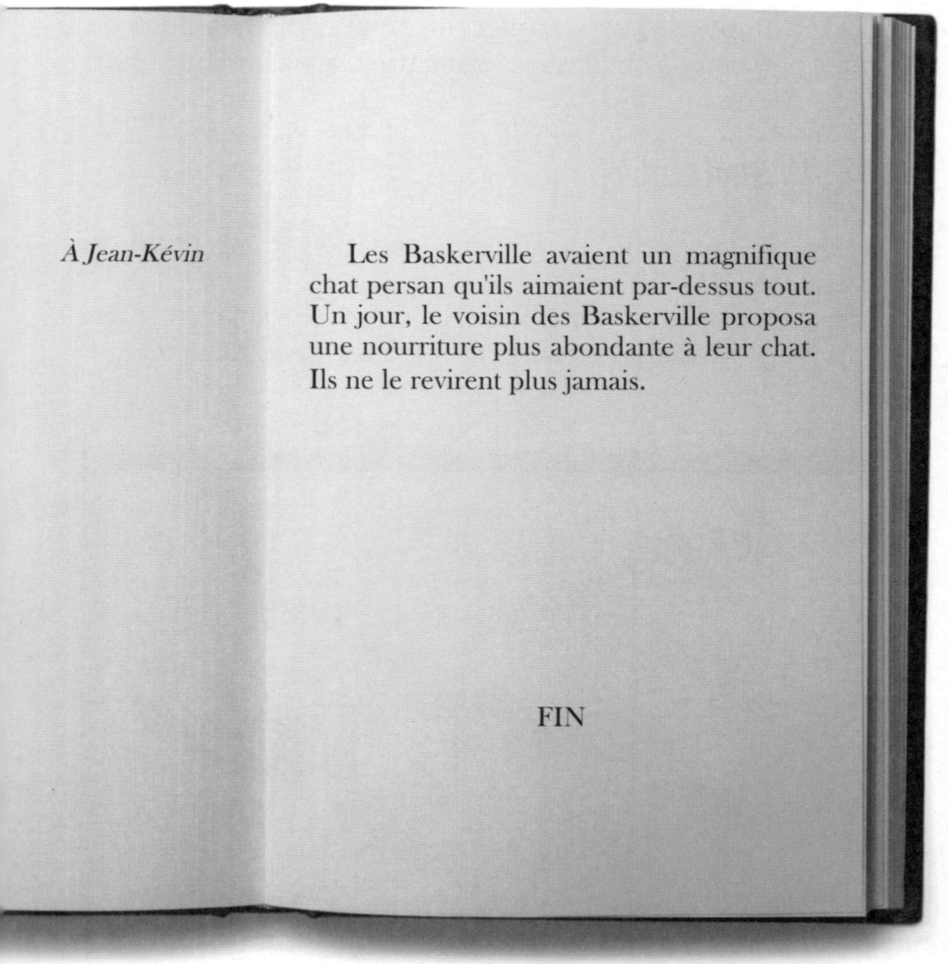

Mercredi 30 septembre

On en revient encore et toujours à cette histoire de livre. Si un type comme Arthune Conar Boyle a pu écrire des ouvrages qui sont passés à la postérité, peut-être que je devrais moi aussi me tourner vers les romans policiers ?
Une sombre histoire de meurtre au musée du Louvre. Un chat qui a oublié son digicode et qui ne peut pas rentrer chez lui. Une enquête à travers l'Histoire pour tenter de reconstituer la combinaison à quatre chiffres qui lui permettra de retrouver son maître et surtout ses croquettes.

Jeudi 1er octobre

Je suis rassuré, c'est bientôt la fin de la semaine, je vais enfin pouvoir me reposer !

Vendredi 2 octobre

9 h 32
Je crois que j'ai parlé trop vite. J'avais complètement oublié que cet abruti de Billy serait là lui aussi ce week-end (mais qu'est-ce qu'il est mignon quand même...), ainsi que sa dévouée maîtresse Caroline. Faut que je me trouve un coin sous le canapé pour échapper à toute cette agitation !

13 h 07
De toute façon, je vais pas louper grand-chose. Je sais déjà exactement comment le week-end va se dérouler : Caro et Florian vont être trop excités d'être en congé, ils vont sortir

directement après le boulot ce soir, vont boire, trop boire, ils vont rentrer à l'appart', Caro va lui faire plein de bisous, trop de bisous et après une demi-heure de tapage dans la chambre, Florian va grogner : « Désolé, ça m'arrive pas souvent, je crois que j'ai trop bu... »

Le lendemain matin, personne ne se lèvera pour me donner mes croquettes, mais pour aller à la pharmacie chercher de l'aspirine, ça, pas de problème ! Le samedi soir, tous leurs potes les appelleront pour sortir mais Florian et Caroline répondront : « Désolé, ça nous arrive pas souvent, mais on a trop bu hier. On va rester à la maison ce soir. »

Et après une demi-heure de tapage dans la chambre, Caro finira par dire : « Désolée, ça m'arrive pas souvent, j'ai trop bu hier, j'ai mal à la tête », et là je vais avoir envie de lui dire : « Bah prends les aspirines que t'as achetées ce matin, grosse maligne ! », mais je le ferai pas parce que mon plus grand plaisir sera d'aller leur lécher le visage le lendemain à 5 h 30 du mat' !

Voilà exactement comment se déroulent tous les week-ends, donc la perspective d'en passer un caché sous le sofa ne me pose aucun problème.

Lundi 5 octobre

Je me demande vraiment si Caroline est plus la maîtresse de Billy ou plus celle de Florian. En gros elle a son chat-chat et son chien-chien. On dirait lui avec moi ! La seule chose qu'il ne fait pas, c'est changer sa litière !

Mardi 6 octobre

Caroline fait partie de ceux (ils sont nombreux !) qui ne savent pas prononcer mon nom correctement, et ça m'ÉNERVE !!!!! Une fois pour toutes, c'est « guigueulse ». Voilà.

Mercredi 7 octobre

Mon nom est Gueulse. Guy Gueulse.

Jeudi 8 octobre

J'ai voulu télécharger une appli sur mon téléphone et comme j'avais du temps, j'ai lu les conditions générales d'utilisation… Ça vaut le coût de s'y pencher parfois…

Conditions générales d'utilisation du produit

Les présents contrats, conclus entre VOUS et l'application CATSAPP, régissent votre utilisation de CATSAPP et de tous ses dérivés. Vu que vous n'irez sûrement pas plus loin dans votre lecture et que vous allez cocher la case « Accepter » sans daigner une seule seconde lire ce long contrat qu'on a pourtant mis un paquet de temps à écrire, on s'est amusés à inclure quelques clauses pas piquées des hannetons. Par exemple, en cliquant sur « Accepter », vous venez de nous vendre votre âme, votre corps et tous vos biens matériels pour la modique somme de zéro euro. Nous disposerons de votre âme à votre mort et nous utiliserons alors votre corps comme une cible de fléchettes. Vous ne lisez toujours pas ? Très bien. Concernant vos biens matériels, on viendra chez vous avec un camion de déménagement, on videra votre appartement et on viendra s'installer juste au-dessus de chez vous afin d'organiser un festival de techno sur 365 jours et ce 24 heures sur 24. La seule chose que l'on ne vous prendra pas, c'est l'application CATSAPP que vous venez d'acquérir et avec laquelle vous pourrez essayer de rencontrer d'autres chats dans la même situation que vous pour pleurer avec eux sur votre sort et regretter la connerie que vous avez faite de ne pas lire les CONDITIONS GÉNÉRALES D'UTILISATION DU PRODUIT !

Vendredi 9 octobre

Entre le parfum de Caroline et l'odeur de Billy, j'arrive même plus à apprécier le délicieux fumet de ma propre litière. Pourtant c'est pas les occasions qui manquent :

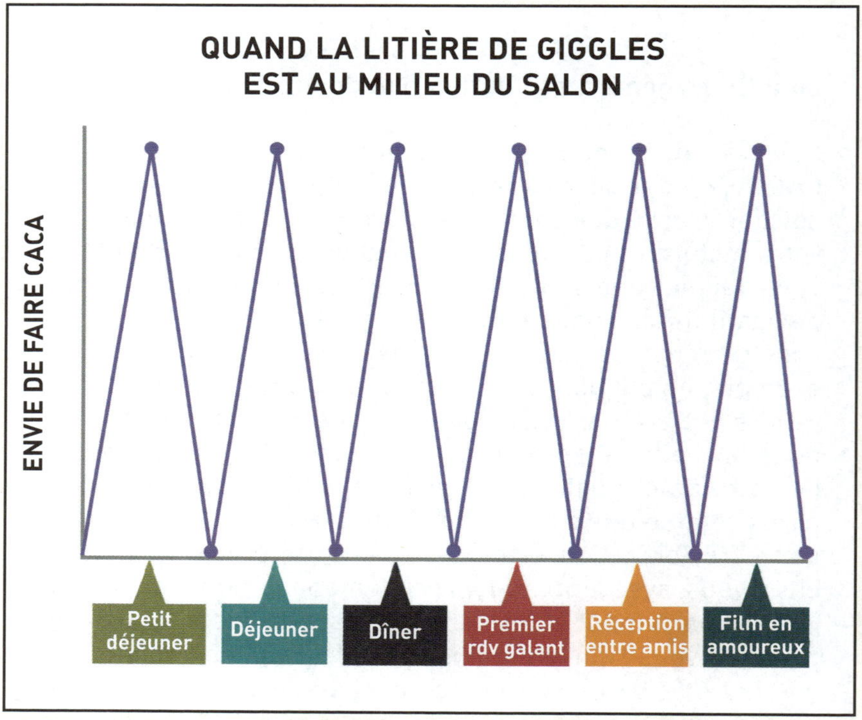

Lundi 12 octobre

Je ne suis pas le bienvenu dans cet appartement, ça je l'ai bien compris. J'ai donc entrepris des recherches sur les lieux où il fait bon vivre.

Giggles maps

Résultat de recherche selon vos critères :

croquettes
alimentation pour chats
lait à volonté
ville interdite aux chiens

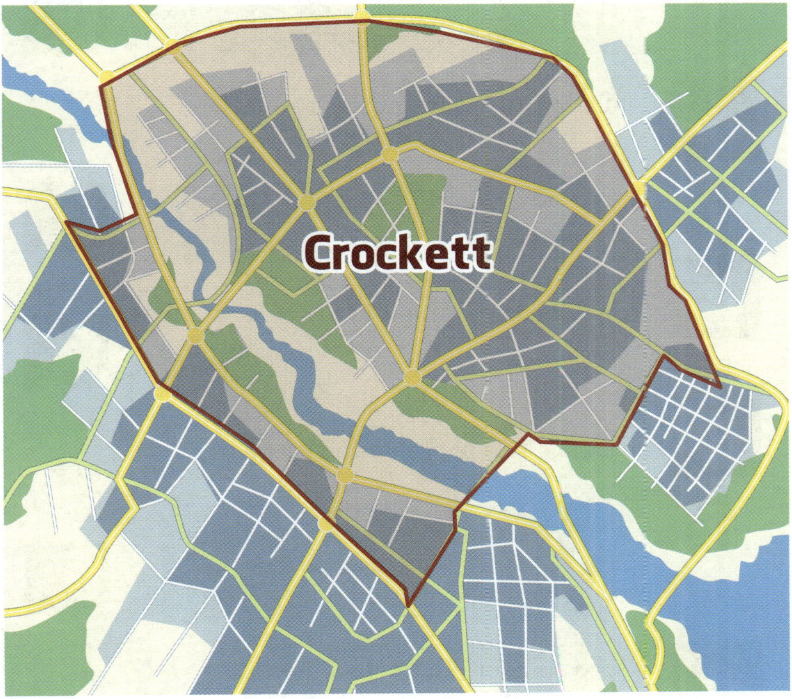

Bon, le problème c'est que cet endroit est au Texas. Et le Texas, c'est aux États-Unis. Résultat : je sais ni où c'est, ni comment y aller...

Giggles

Salut. Ça se passe comment si je veux déménager au Texas ?

Bah, faut d'abord y aller...

Oui, mais comment ?

Huit heures d'avion et tu y es.

Est-ce que j'aime ou pas l'avion ? je m'en souviens plus...

T'aimes ni le train ni la voiture, donc l'avion...

J'ai déjà pris l'avion ?

Non.

Bah je sais pas, aide-moi un peu !

Ok. L'avion c'est un peu comme si t'étais à l'intérieur d'un énorme aspirateur pendant huit heures.

Je vais peut-être rester à Paris encore un peu alors...

Mercredi 14 octobre

J'en peux vraiment plus de Florian, de sa Caro et de son petit Billy (mignon mais chiant !). J'ai pas l'impression qu'il comprenne grand-chose, je vais devoir utiliser mon appli Giggles Trad encore une fois...

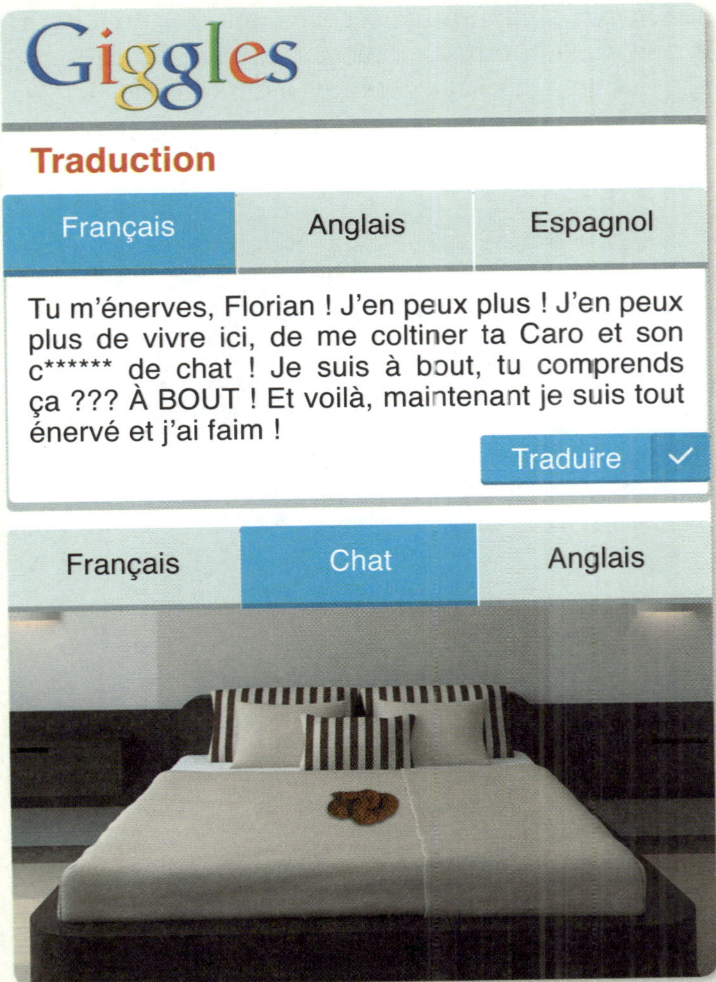

10 h 10
La lecture, ça m'endort...

Jeudi 15 octobre

J'ai survolé *À la recherche de la croquette perdue* d'Alain Proust, mais genre vite fait quoi, j'ai juste lu le tome I, *Du côté de chez Swag*... Le bouquin est tellement gros qu'il pourrait me servir d'escabeau pour atteindre le sac de croquettes au-dessus du frigo. Comme quoi la lecture, ça a du bon !

Vendredi 17 octobre

Je me suis inscrit à une méthode d'écriture de romans à succès par correspondance.
J'espère bien y trouver les ficelles pour rivaliser avec les bouquins de Guillaume Museau ou *Cinquante nuances de chat* ! Quand je vois que des trucs comme *Entrechat avec un vampire* sont en tête des ventes, ça me sidère. Si les gens sont fans de types qui dorment toute la journée, qui vivent la nuit et qui ont horreur de l'ail, j'ai pas besoin d'aller chercher l'inspiration bien loin. Il me manque juste quelques techniques de romanciers célèbres pour aller au bout du projet !

Samedi 17 octobre

J'ai du courrier ! J'ai enfin reçu la *Méthode infaillible pour écrire un best-seller*. J'ai hâte de découvrir toutes les ficelles du métier !

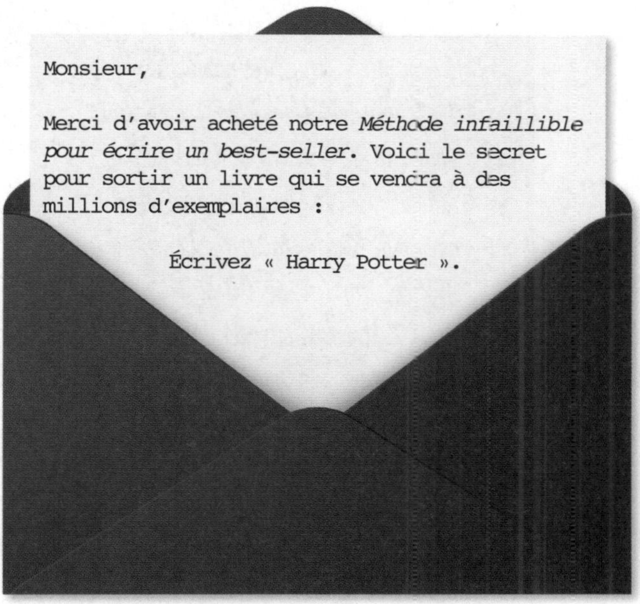

Monsieur,

Merci d'avoir acheté notre *Méthode infaillible pour écrire un best-seller*. Voici le secret pour sortir un livre qui se vendra à des millions d'exemplaires :

Écrivez « Harry Potter ».

Dimanche 18 octobre

J'ai pris une feuille de papier et j'ai écrit « Harry Potter » en plein milieu, mais franchement je crois pas que ça va marcher...

Lundi 19 octobre

Je passe à l'instant devant ma fontaine à eau et je m'imagine écrire des fables...

Maître Giggles, dans une boîte endormi,
Tenait dans sa gueule une croquette.
Maître Billy, par l'odeur séduit,
Lui tape à peu près cette causette :
– Eh, bonjour, monsieur du Giggles,
Que vous êtes joli, que vous êtes bégueule !
Sans mentir, si votre p'tite tête
Se rapporte à vos p'tites gambettes,
Vous êtes le plus mince des hôtes sous ce toit.
À ces mots, le Giggles ne sent pas de joie
Et pour montrer son faible poids
Il ouvre une large bouche, laisse tomber sa proie.
Le Billy s'en saisit et dit :
– Mon bon monsieur
Apprenez que tout flatteur
Vit aux dépens de celui qui l'écoute.
Cette leçon vaut bien une croquette, sans doute.
Le Giggles honteux et confus
Jura, mais un peu tard, qu'on ne l'y prendrait plus.

Mardi 20 octobre

Si jamais je devais bouger à Crockett, je vais être obligé de me coltiner un paquet de paperasse. J'ai déjà regardé un peu les démarches administratives, ils posent de ces questions, les Ricains, c'est fou !

FORMULAIRE D'ENTRÉE AUX ÉTATS-UNIS LE MEILLEUR PAYS DU MONDE
(selon un récent sondage)

Vous allez prochainement fouler le sol américain et nous vous en félicitons. Avant cela, une dernière étape vous incombe : remplir ce formulaire de sécurité nationale. Cochez si vous êtes concerné par les situations suivantes.

- ☐ Vous avez le désir de créer la Troisième Guerre mondiale en venant ici aux États-Unis.
- ☐ Vous avez par le passé traité avec l'Allemagne nazie en tant que double agent SS.
- ☐ Vous avez l'intention de saouler tous les Américains avec vos discours sur le contrôle des armes à feu alors que nous on veut juste avoir le droit d'avoir plein de flingues parce qu'on kiffe.
- ☐ Aussitôt arrivé sur le sol américain, vous allez aider des Mexicains à traverser la frontière au lieu de les laisser bien sagement faire votre maçonnerie, votre jardin et garder vos enfants.
- ☐ Vous avez une barbe, des babouches, une djellaba et une femme voilée.
- ☐ Vous transportez des plantes.

ça dépend de ce que vous entendez par là...

Mercredi 21 octobre

Dans l'éventualité où mon dossier serait accepté par l'administration américaine, je me suis quand même préparé une check-list des choses indispensables à emporter.

Je voulais faire une liste de choses à emporter en vacances mais je me suis aperçu que je venais de refaire la liste des courses...

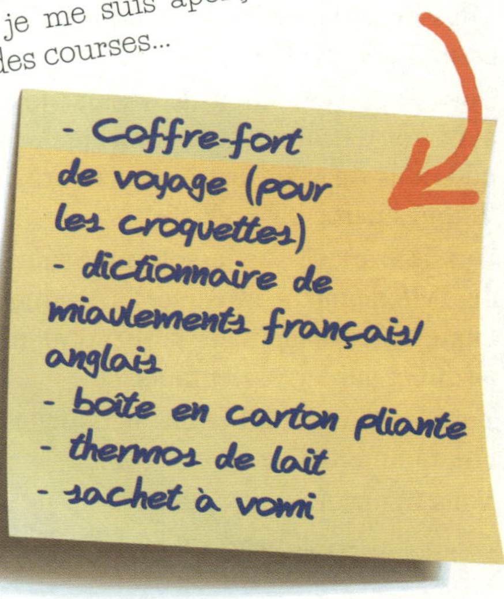

Jeudi 22 octobre

Ça y est ! Je crois que je tiens l'idée du siècle pour mon livre !

Épilogue

Ici s'achève donc je journal intime de Giggles. Je ne saurai jamais quelle était cette idée merveilleuse dont il parlait, mais l'essentiel est que j'aie pu néanmoins vous livrer ses tout derniers textes tels qu'il les a écrits, sans retouche ni filtre. Du brut de décoffrage, comme il l'aurait voulu.

En espérant que vous avez apprécié cette œuvre posthume, il ne me reste plus qu'à souhaiter une longue vie à vos chats. Prenez soin d'eux et fermez les fenêtres quand vous vous absentez (enfin pas celles de votre voiture, surtout quand l'été arrive...).

Florian

Unknowncat Hello !
Il y a 27 minutes

Florian C'est qui ?
Il y a 26 minutes

Unknowncat C'est Giggles !
Il y a 26 minutes

Florian Si c'est une blague, c'est vraiment pas cool...
Il y a 26 minutes

Unknowncat Mais non, c'est moi !
Il y a 25 minutes

Florian Mais t'étais où depuis tout ce temps ???
Il y a 25 minutes

Unknowncat Je me suis caché dans un endroit où personne ne va jamais.
Il y a 25 minutes

Florian Sur Google+ ?
Il y a 24 minutes

Unknowncat Mais non !
Il y a 24 minutes

Florian Je le savais ! Dans un bureau de vote !
Il y a 23 minutes

Unknowncat Non ! Je t'écris depuis mon profil américain. Je suis à Crockett au Texas !
Il y a 23 minutes

Florian Hein ?
Il y a 23 minutes

Unknowncat Tu sais qu'ici, je suis le chat le plus maigre du pays ! Du coup je fais un peu de mannequinat pour arrondir mes fins de mois.
Il y a 21 minutes

Florian Mais pourquoi tu es parti là-bas ?
Il y a 21 minutes

Unknowncat Ça faisait partie de mon plan. J'avais remarqué que les œuvres des artistes se vendaient beaucoup mieux quand ils étaient décédés, alors j'ai orchestré ma propre mort.
Il y a 20 minutes

Florian Et t'as choisi Crockett…
Il y a 18 minutes

Unknowncat J'ai pris toutes mes économies et je suis allé me planquer là-bas.
Il y a 16 minutes

Unknowncat Le voyage a été un enfer : j'avais décidé de voyager en bateau car je pensais qu'il y aurait pas mal de poisson à se mettre sous la dent, mais entre les boules de poils et le mal de mer, j'ai pas arrêté de vomir.
Il y a 16 minutes

Florian Ça a dû te rappeler des souvenirs pré-désintox !
Il y a 14 minutes

Unknowncat Que tu es mesquin !
Il y a 13 minutes

Florian Et toi ? Tu te rends compte de la souffrance que tu m'as fait endurer ?
Il y a 11 minutes

Unknowncat Ça faisait partie du plan ! Tu devais être crédible dans ta tristesse.
Il y a 9 minutes

Florian Qui te dit que j'ai été triste ?
Il y a 9 minutes

Unknowncat J'ai Internet ici, j'ai vu ta tête dans les médias. Et aussi que t'avais sorti mon bouquin !
Il y a 9 minutes

Florian Ton journal intime ? Oui...
Il y a 7 minutes

Unknowncat Allez, donne-moi le résultat, je suis impatient !
Il y a 6 minutes

Florian Le résultat de quoi ???
Il y a 5 minutes

Unknowncat Le résultat des ventes !!!!
Il y a 5 minutes

Florian Ah bah, c'est vite vu. Ton livre est sorti en même temps que *La femme parfaite est une connasse 8*...
Il y a 4 minutes

Unknowncat Et ?
Il y a 4 minutes

Florian Et ton livre est passé inaperçu...
Il a d'ailleurs été retiré des librairies.
Il y a 2 minutes

Unknowncat Personne n'en a acheté ??
Il y a 2 minutes

Florian Personne.
Il y a 2 minutes

Unknowncat Même pas ta mère ???
Il y a 2 minutes

Florian Même pas.
Il y a 2 minutes

Unknowncat Je vais te donner mon adresse postale à Crockett.
Il y a 1 minute

Florian Pourquoi ?
Il y a 1 minute

Unknowncat Faut que tu m'envoies un sac de croquettes...
Il y a 1 minute

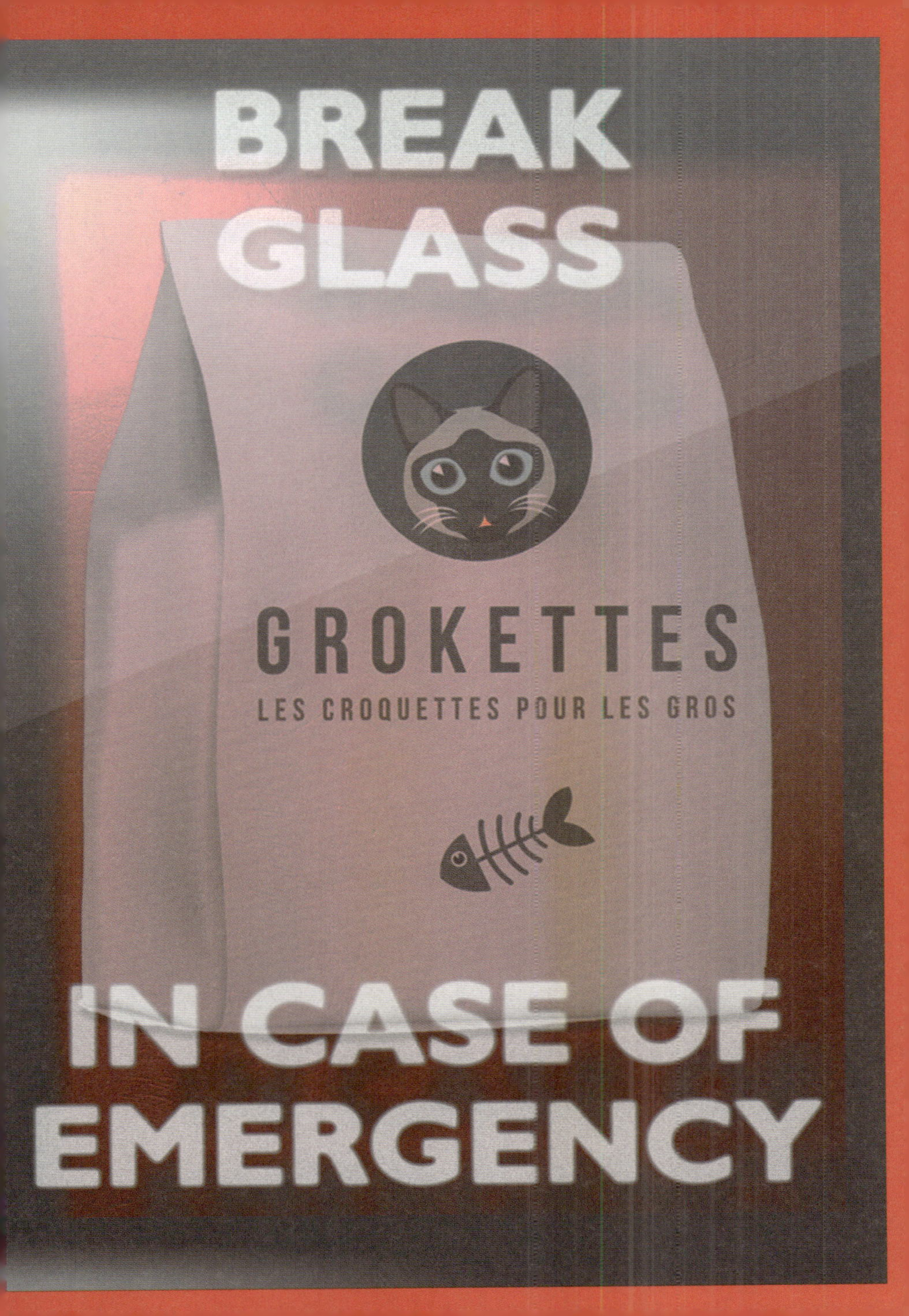
BREAK GLASS
GROKETTES
LES CROQUETTES POUR LES GROS
IN CASE OF EMERGENCY

Greetings from
TEXAS
USA

THIS SPACE FOR WRITING MESSAGES.

Salut Florian,

Ici, tout se passe super bien...

Non, je déconne ! C'est l'enfer !!!! Je me suis cassé une dent, ça m'a coûté 3 000 $ parce qu'il n'y a pas de sécu ici. Y a des mecs avec des flingues qui tirent sur tout le monde tous les week-ends. Les croquettes ont pas du tout le même goût, elles sont faites avec du Coca je crois... C'est horrible. Chaque fois que je dis que je suis un chat français, ils me demandent toujours où j'ai mis mon béret rouge et ma baguette de pain. J'en peux plus. Le problème est que je refuse de reprendre le bateau pour rentrer, et l'avion, n'y compte même pas !!! La seule solution c'est que toi tu viennes vivre ici.

Viens, Florian, je t'en supplie !

POST CARD

THIS SPACE FOR ADDRESS ONLY.

j'ai plus de sous, demandez à Florian, il payera

PLACE STAMP HERE

FLORIAN

PARIS, FRANCE

(URGENT, mais genre SUPER URGENT !)

PS : si tu dois venir avec Caro et Billy, franchement c'est pas grave... je me ferai violence... mais par pitié, vieeeeeens !

Greetings from
PARIS
FRANCE

TU PEUX
TE BROSSER !
Kiss xx
Florian
OPEN LETTER
3
FRANCE LA POSTE
0,25
Giggles
23 Milk street
Crockett
TEXAS
U.S.A.

Giggles tient à remercier :

Moi-même déjà, parce que sans moi, pas de livre !
Marie, Lisa, Julie, Thomas, Matthieu « Ryan Gosling », Marie F., Estelle, Cristina, Clélia, Ainara, Moïse, Wandrille, Annie et tout le monde chez Jungle, je les ai jamais vus, mais il paraît qu'ils sont sympas.
Ma véto, Dr Lafolie, que j'aime pas trop aller voir, mais qui me soigne quand même super bien.
Ma voisine Sylvie qui me garde de temps en temps.
Nastassja et toute l'équipe de l'Hôtel Aristide.
La vraie Caro qui est bien cool.
Tous les fabricants de croquettes du monde entier : changez rien, vous êtes les meilleurs.
Amazon, UPS et Nike pour les cartons, mortel !
Et enfin, tous ceux à qui je dois de l'argent : vous en faites pas, ça va arriver.

Florian tient à remercier :

.... (inscris ton nom)
car sans toi, toute cette fabuleuse aventure ne serait jamais arrivée !

Faites comme moi, continuez l'aventure au-delà de ce livre et retrouvez-moi sur Facebook, Twitter et Instagram !

facebook.com/giggleslechat

twitter.com/giggleslechat

instagram.com/giggleslechat

Pour me contacter :

moi@giggleslechat.com

Vous avez apprécié
le *Journal intime d'un chat en manque de croquettes* ?
Prolongez cette expérience en vous connectant
au site des éditions Jungle !

Retrouvez-nous aussi sur
les réseaux sociaux :

éditions Jungle

www.editions-jungle.com

Crédits photographiques

Couverture (plat 1) : Sheila Fitzgerald – Shutterstock.com ; markiss – Shutterstock.com ; S_Photo – Shutterstock.com ; studio2013 – Shutterstock.com ; Chakrapong Zyn – Shutterstock.com ; domnitsky – Shutterstock.com ; Fotofermer – Shutterstock.com ; Everything – Shutterstock.com ; Oleksandr Molotkovych – Shutterstock.com ; kaiskynet – Shutterstock.com / **(plat 4) :** Olga Vasiljeva – Shutterstock.com ; Lubava – Shutterstock.com

Intérieur : p. 1 patte de chat : Babiina – Shutterstock.com / p. 5 (de haut en bas, de gauche à droite) Giggles : archives de l'auteur ; Garance : runzelkorn – Fotolia.com ; Florian : Chloé Jacquet ; Billy : halfmax.ru – Shutterstock.com ; Caroline : Sundraw Photography – Shutterstock.com ; éclair : briddy – Shutterstock.com ; flèches : schab – Shutterstock.com / p. 9 bikeriderlondon – Shutterstock.com / p. 12-p. 13 archives de l'auteur / p. 14 Dmitrij Skorobogatov – Shutterstock.com / p. 17 Vasiliy Koval – Shutterstock.com / p. 18 Alexey Saxarov – Shutterstock.com ; Eric Isselee – Shutterstock.com / p. 21 Andrey_Kuzmin – Shutterstock.com / p. 25 Esin Deniz – Shutterstock.com / p. 26 Africa Studio – Shutterstock.com / p. 28 volkovslava – Shutterstock.com / p. 29 Okssi – Shutterstock.com / p. 31 bmf-foto.de – Shutterstock.com / p. 33 psy : Pressmaster – Shutterstock.com ; absolutimages – Shutterstock.com (chat) / p. 34 runzelkorn – Fotolia.com / p. 39 Fireofheart – Shutterstock.com / p. 41 blambca – Shutterstock.com ; p. 43 traits Miceking – Shutterstock.com / p. 45 aprilante – Shutterstock.com / p. 47 Kalmatsuy – Shutterstock.com / p. 51 Hasselrott – Shutterstock.com / p. 52 Rasulov – Shutterstock.com / p. 53 Nataliia Pyzhova – Shutterstock.com / p. 55 Angela Waye – Shutterstock.com / p. 56 MaxyM – Shutterstock.com / p. 58 Vadim Sadovski – Shutterstock.com / p. 59 Iuliia photographer – Shutterstock.com / p. 60 StockPhotosArt – Shutterstock.com / p. 61 ToskanaINC – Shutterstock.com / p. 63 étoiles : Moofer – Shutterstock.com ; poubelles : Baloncici – Shutterstock.com / p. 64 siamois : Axel Bueckert – Shutterstock.com ; bengal : Eric Isselee

- Shutterstock.com ; maine coon : cynoclub - Shutterstock.com / p. 65 chat de gouttière : Ermolaev Alexander ; sphinx : uzhursky ; angora : Eric Isselee ; persan : Eric Isselee / p. 66 archives de l'auteur / p. 67 Igogosha - Shutterstock.com ; laschi - Shutterstock.com / p. 68 Bahadir Yeniceri - Shutterstock.com / p. 69 Krylova Ksenia - Shutterstock.com / p. 70 : Nicola Renna - Shutterstock.com / p. 72 Eric Isselee - Shutterstock.com ; Oleksandr Lytvynenko - Shutterstock.com / p. 74 Pattern image - Shutterstock.com ; Nina Lishchuk - Shutterstock.com / p. 75 anigoweb - Shutterstock.com ; attapoljochosobig - Shutterstock.com ; S_Photo - Shutterstock.com / p. 76 eelnosiva - Shutterstock.com / p. 77 Maly Designer - Shutterstock.com ; Poto69 - Shutterstock.com / p. 79 chatte rousse : kurhan - Shutterstock.com ; léchouilles : karamysh - Shutterstock.com ; asiatiques : Laaonnoi - Shutterstock.com / p. 81 Alex Coan - Shutterstock.com / p. 84 Kuttelvaserova Stuchelova - Shutterstock.com / p. 86 Bloomua - Shutterstock.com / p. 87 Robyn Mackenzie - Shutterstock.com / p. 88 fischers - Shutterstock.com / p. 89 Andrey_Kuzmin - Shutterstock.com / p. 90 Africa Studio - Shutterstock.com / p. 92 The Len - Shutterstock.com / p. 93 Alena Ozerova - Shutterstock.com / p. 94 Billion Photos - Shutterstock.com / p. 95 Ban drown : Iryna Kuznetsova - Shutterstock.com / p. 96 Caro et chaton : HTeam - Shutterstock.com / p. 97 Zaur Rahimov - Shutterstock.com / p. 98 FotoYakov - Shutterstock.com / p. 101 Kraska - Shutterstock.com / p. 103 Alfonso de Tomas - Shutterstock.com ; Tr1sha - Shutterstock.com / p. 105 Topuria Design - Shutterstock.com / p. 106 alfocome - Shutterstock.com / p. 107 carmen2011 - Shutterstock.com / p. 109 Elena Paletskaya - Shutterstock.com / p. 117 Inked Pixels - Shutterstock.com / p. 118 FotoYakov - Shutterstock.com / p. 119 Susan Schmitz - Shutterstock.com / p. 120 et 122 Callahan - Shutterstock.com / p. 121 Sharon Day - Shutterstock.com / p. 123 Andrey_Kuzmin - Shutterstock.com